Brecht | Mutter Courage und ihre Kinder

Lektüreschlüssel XL

für Schülerinnen und Schüler

Bertolt Brecht

Mutter Courage und ihre Kinder

Von Martin C. Wald

Reclam

Dieser Lektüreschlüssel bezieht sich auf folgende Textausgabe:
Bertolt Brecht: *Mutter Courage und ihre Kinder. Eine Chronik aus dem Dreißigjährigen Krieg*. Frankfurt a. M.: Suhrkamp, [73]2018.
(edition suhrkamp. 49.)

Lektüreschlüssel XL | Nr. 15529
2021 Philipp Reclam jun. Verlag GmbH,
Siemensstraße 32, 71254 Ditzingen
Druck und Bindung: Esser printSolutions GmbH,
Untere Sonnenstraße 5, 84030 Ergolding
Printed in Germany 2025
RECLAM ist eine eingetragene Marke
der Philipp Reclam jun. GmbH & Co. KG, Stuttgart
ISBN 978-3-015529-5

www.reclam.de | info@reclam.de

Inhalt

1. Schnelleinstieg 7
2. Inhaltsangabe 12
3. Figuren 20
   - Mutter Courage 20
   - Kattrin 25
   - Eilif 27
   - Schweizerkas 28
   - Der Feldprediger 29
   - Der Koch 31
   - Yvette 33
4. Form und literarische Technik 37
5. Quellen und Kontexte 44
   - Entstehungsgeschichte 44
   - Der Dreißigjährige Krieg 46
   - Stoffgeschichte 49
   - Erster Weltkrieg und Nationalsozialismus 51
   - Die weltanschauliche Prägung des Stücks: Brechts Kommunismus 54
6. Interpretationsansätze 57
   - Der Krieg 57
   - Die Familie 69
   - Die Kulmination des Dramas: Analyse des 11. Bildes 81
   - Die Songs 87
7. Autor und Zeit 91
8. Rezeption 100
9. Wort- und Sacherläuterungen 112

10. Prüfungsaufgaben mit Lösungshinweisen 124

11. Literaturhinweise/Medienempfehlungen 133

12. Zentrale Begriffe und Definitionen 136

1. Schnelleinstieg

Autor	Bertolt Brecht (1898–1956)
Entstehungszeit und -orte	1938/39 im dänischen und schwedischen Exil
Uraufführung	1941 am Schauspielhaus Zürich
Gattung	Episches Theater
Handlungszeit und -orte	1624–36, verschiedene Schauplätze des Dreißigjährigen Krieges

Kriegsdrama

Mutter Courage und ihre Kinder – ein Drama des Krieges, entstanden im Jahrhundert der Kriege. Die ersten Entwürfe entstanden 1938/39 »unter dem fünischen Strohdach«,[1] wie sich Bertolt Brecht später erinnerte. Doch die Idylle trügt: Die deutschen Truppen standen hochgerüstet bereit, den Zweiten Weltkrieg zu entfesseln und in Dänemark, dem Gastland des Dichters, einzumarschieren. Brecht war schon seit Februar 1933 vor den Nationalsozialisten auf der Flucht; im April 1939 entzog er sich ihrem drohenden Zugriff nach Schweden, wo er das Manuskript vollendete.

Es ist kein Kriegsdrama des nationalen Heldentums wie Shakespeares Königsdramen oder des idealisti-

1 Bertolt Brecht, »Die Courage lernt nichts«, in: B. B., *Werke. Große Kommentierte Berliner und Frankfurter Ausgabe*, Bd. 24: *Schriften 4*, bearb. von Peter Kraft unter Mitarb. von Marianne Conrad u. a., Berlin / Frankfurt a. M. 1991, S. 271–274, hier S. 271.

schen Freiheitspathos wie Schillers Schauspiele. Hier schrieb ein von ständiger Kriegsdrohung und unmenschlicher Ideologie Verjagter. Es ist ein Drama der ›kleinen Leute‹, durch das die Perspektive ›von unten‹ auf ein Kriegstheater freigelegt wird, das sich über den Figuren auftürmt und sie verschlingt. Doch in jeder Zeile des Dramas ist Brechts kommunistische Überzeugung wirksam, der Mensch sei gar nicht verloren, sondern habe sein Schicksal selbst in der Hand, wenn er mit den anderen Ausgebeuteten des Krieges ein Bewusstsein für seine Klassenlage entwickeln würde.

■ Perspektive ›von unten‹

Gezeigt wird die Geschichte der Anna Fierling, wegen ihres Mutes allgemein als Mutter Courage bekannt, die zwölf Jahre lang durch die vom Dreißigjährigen Krieg zugerichteten Lande zieht. Den Lebensunterhalt für sich und ihre drei Kinder will sie erwirtschaften, sagt sie, doch Brecht zeigt uns, dass sie sich verrechnet hat, den Krieg für sich beherrschbar machen zu wollen. Die Familie zerbricht. Gleich am Anfang wird der älteste Sohn, der starke und kluge Eilif, vom Militär weggefangen, und im Laufe des Krieges verliert sie die weiteren Kinder: den einfältigen Schweizerkas und die stumme und herzensgute Kattrin.

■ Zerstörung einer Familie …

Der Krieg ist ein Marktplatz, doch Mutter Courage macht dort letztlich keinen Gewinn, sondern nur Verlust, denn sie gehört, so gibt uns Brecht zu verstehen, nicht zu den mächtigen Betreibern des Krieges im Hintergrund, welche die einfachen Menschen verheizen. Mutter Courage leidet zwar am Krieg, lernt aber

Abb. 1: Mutter Courage, ihre Kinder und ihr Wagen, Szenenbild aus dem Theaterfilm von 1961 – © akg images / Ruth Berlau

nicht aus ihm. Noch ganz zum Schluss zieht sie allein ihren Wagen und den Soldaten auf die Kriegsschauplätze hinterher, immer ein vermeintlich gutes Geschäft witternd. Lernen sollen vielmehr die Zuschauerinnen und Zuschauer, die gemäß dem Programm von Brechts epischem Theater die Welt, in der sie leben, besser verstehen sollen. Der Krieg, der Dreißigjährige Krieg wie der Zweite Weltkrieg, sei eine Ausgeburt des Kapitalismus, die jener benötige, um sich zu erhalten und zu erneuern.

… durch falschen Geschäftseifer

Die negativen Seiten der Courage-Figur, die zwischen Mutter und Geschäftsfrau nicht einmal zerrissen ist, weil Letztere immer gewinnt, wurden im Laufe der Jahrzehnte häufig missverstanden. Mutter Courage wurde zum geflügelten Wort nicht für die

Die Ikone der Mutter Courage

opportunistische Geschäftemacherei, sondern für die widerspenstige Lebensklugheit. Brecht arbeitete diesem bis heute nicht kleinzukriegenden Missverständnis zeitlebens entgegen. Doch immerhin: Aus dem Kampf um die richtige Interpretation von Figur und Drama entstand eines der wichtigsten Ereignisse des Theaters der Nachkriegszeit. Erst die berühmte Inszenierung für das Deutsche Theater und das Berliner Ensemble 1949 mit Brechts Ehefrau Helene Weigel als Mutter Courage machte aus dem Stück einen Klassiker der deutschsprachigen Bühne.

■ Erfolgsrezept des Stückes

Das Stück sticht aus den Höhepunkten von Brechts Theaterschaffen der Jahre um 1940 – etwa *Der gute Mensch von Sezuan* und *Leben des Galilei* – auch durch seine Musikalität und seinen Humor heraus. Die zündenden Songs und die ironischen (Rede-)Wendungen sorgen bei aller Schwere des Themas für gute Unterhaltung. *Mutter Courage* hält mit Leichtigkeit die perfekte Mitte zwischen dem populärkulturellen Brecht der *Dreigroschenoper* und dem formal strengen Brecht des *Kaukasischen Kreidekreises*.

Die Handlung, speziell das Schicksal der stummen Kattrin, ist derart aufwühlend, dass das Stück eine für Brecht ganz einzigartige dramatische Qualität gewinnt. So wird *Mutter Courage und ihre Kinder* auch heute noch gern und viel inszeniert. Die zentrale künstlerische Aussage gilt über den Dreißigjährigen Krieg und den Zweiten Weltkrieg hinaus: Krieg ist immer ein grausames Unheil, der Mensch wird von ihm stets fortgerissen und entmenschlicht. Das Ende

■ Sinnhorizont

des Stückes erscheint trostlos, doch verbergen sich in tieferen Schichten der Deutung ein erstaunlicher Humanismus und Optimismus: Der Mensch muss sich keiner unsichtbaren Macht beugen, er kann etwas ändern – durch Einsicht und durch Taten.

2. Inhaltsangabe

Bild (Seitenzahl)	**Ort und Zeit**	**Hauptsächlich handelnde Personen**	**Überblick über den Inhalt**
1 (7–19)	Dalarne/ Schweden, 1624	Familie Courage, Feldwebel, Werber	Bekanntschaft mit der Familie der Courage, Eilif wird für die schwedischen Truppen geworben.
2 (20–28)	vor der Festung Wallhof/ Polen, 1626	Feldhauptmann, Eilif, Feldprediger, Courage, Koch	Eilif sitzt an der Seite des Feldhauptmannes, Wiedersehen mit seiner Mutter
3 † (29–54)	Feldlager eines finnischen Regiments, 1629	Familie Courage, Yvette, Feldprediger, Koch	Lager wird vom katholischen Kriegsgegner eingenommen, **Schweizerkas wird hingerichtet.**
4 (55–60)	(jetzt katholisches) Feldlager	Mutter Courage, älterer und junger Soldat	Mutter Courage will sich beim Rittmeister beschweren, kapituliert aber.
5 (61–63)	zerschossenes Dorf (bei Magde-burg), 1631	Mutter Courage, Kattrin, Feldprediger	Kattrin rettet ein Kleinkind aus einem einsturzgefährdeten Bauernhaus.
6 (64–74)	vor Ingolstadt, 1632	Mutter Courage, Kattrin, Feldprediger	Diskurs über den Krieg, Heiratsantrag des Feldpredigers, Misshandlung Kattrins

7 (75–76)	Landstraße, 1632	Mutter Courage, Kattrin	Die Courage singt auf dem Höhepunkt ihres geschäftlichen Erfolges ihr Lied.
8 † (77–89)	Feldlager (bei Lützen?), 1632	Familie Courage, Koch, Feldprediger, Yvette	Der Frieden wird zurückgenommen, Streit vom Koch und Feldprediger, **Eilif wird zur Hinrichtung abgeführt.**
9 (90–97)	Fichtelgebirge, vor einem Pfarrhaus, 1634	Mutter Courage, Kattrin, Koch	Courage und der Koch erbetteln sich eine Mahlzeit, sie entscheidet sich für ihre Tochter.
10 (98)	Mitteldeutschland, Landstraße	Mutter Courage, Kattrin	Im Vorüberziehen hören sie ein ergreifendes Lied.
11 † (99–105)	vor der Stadt Halle	Kattrin, kaiserliche Soldaten/ Offiziere, Bauernfamilie	**Kattrin** warnt die Bewohner Halles vor der drohenden Erstürmung durch die Kaiserlichen und **stirbt** dabei.
12 (106–10)	vor der Stadt Halle	Courage, Bauernfamilie	Mutter Courage trauert um ihre Tochter und will wieder in den Handel kommen.

Abb. 2: *Mutter Courage und ihre Kinder*, Überblick über die Szenenfolge

Das Stück spielt an verschiedenen Schauplätzen des Dreißigjährigen Krieges während eines Zeitraums von gut zwölf Jahren (1624–1636).

Exposition: Mutter Courage und ihre Kinder

Im **ersten Bild** werden die Marketenderin Courage und ihre drei Kinder in Dalarne in Mittelschweden von einem schwedischen Werber und einem Feldwebel gestoppt, die ihre Geschäftslizenz sehen wollen. Die Courage weissagt dem Feldwebel und ihren eigenen Kindern, im Krieg umzukommen. Der Feldwebel kauft der Marketenderin eine silberne Schnalle ab. Der Werber wirbt währenddessen Eilif, den älteren Sohn, für das schwedische Heer, und die beiden entfernen sich. Daraufhin müssen die verbleibenden Kinder der Courage, Schweizerkas und die stumme Kattrin, den Marketenderwagen weiterziehen.

Eilif beim Feldhauptmann

Im **zweiten Bild**, zwei Jahre später, Mutter Courage und ihre Kinder ziehen mittlerweile im Tross der schwedischen Heere durch Polen, belagern die Schweden die Festung Wallhof. Die Courage will einen Kapaun (einen Speisevogel) verkaufen und feilscht mit dem Koch. Parallel treten auf einem anderen Teil der Bühne der Feldhauptmann und Eilif auf. Die Courage lauscht, als ihr Sohn, nachdem er vom Feldhauptmann zum Essen eingeladen wurde, stolz davon berichtet, wie er einer Gruppe Bauern zwanzig Ochsen abgenommen hat. Vom Feldhauptmann aufgefordert, Fleisch zu servieren, muss der Koch Mutter Courage den Kapaun abkaufen. Letztlich schließen Mutter und Sohn einander in die Arme. Sie ohrfeigt ihn, weil er bei der Begegnung mit den Bauern so unvorsichtig gewesen sei.

Im **dritten Bild**, wieder sind drei Jahre vergangen, führt die Courage mit dem Koch und dem Feldprediger im schwedischen Feldlager politische Gespräche. Ihren Schweizerkas hat sie im Heer als Zahlmeister untergebracht. Da überfallen die Kaiserlichen das Feldlager. Schweizerkas will die Regimentskasse in Sicherheit bringen und versteckt sie im Wagen der Mutter. Drei Tage später, die Händlerfamilie und der Feldprediger beginnen sich schon mit den neuen Herren zu arrangieren, nehmen ein schwedischer Feldwebel und ein Spitzel Schweizerkas fest, weil er ihre Kasse gestohlen habe. Mit einem anonym gezahlten Bestechungsgeld von 200 Gulden könnte die Courage ihren Sohn freikaufen. Die Lagerhure Yvette bringt einen alten, in sie verliebten Oberst dazu, für sie der Courage den Wagen abzukaufen und damit für eine ausreichende Summe zu sorgen. Doch die Courage verhandelt zu lange: Schweizerkas wird in der Zwischenzeit hingerichtet. Die Courage verleugnet ihren toten Sohn abermals, um den Verdacht zu zerstreuen, dass sich die Kasse vielleicht doch in ihrer Obhut befindet.

■ Seitenwechsel und Tod des Schweizerkas

Im **vierten Bild** sehen wir die Courage vor dem Zelt des Rittmeisters, wo sie sich beschweren will. Dessen Leute hatten auf der Suche nach der Kasse das Innere ihres Wagens demoliert und gegen sie ein Bußgeld verhängt. Beschweren will sich auch ein junger Soldat, der das Pferd des Rittmeisters gerettet hatte

■ Beschwerde der Courage

und sich jetzt um ein Trinkgeld geprellt sieht. Courage entmutigt ihn, mit kurzwährendem Zorn bringe er es nicht weit. Am Ende des Bildes verzichten sowohl der Soldat als auch die Courage auf die Beschwerde.

Im **fünften Bild** gerät die Courage, nach weiteren rastlosen Fahrten, 1631 in die Geschehnisse rund um die Eroberung Magdeburgs. Sie und Kattrin schenken kaiserlichen Soldaten Schnaps aus, als der Feldprediger aus einem nahegelegenen Hof mit der Nachricht kommt, dort lägen noch Verwundete. Er bittet die Courage um die Herausgabe von Leinenhemden aus ihrem Warenbestand, um daraus Verbände zu machen. Als sie sich widersetzt, bedroht Kattrin sie mit einer Holzplanke. Die Eltern der Bauernfamilie werden geborgen und Kattrin rettet ein Neugeborenes aus der Trümmerstätte.

■ Kriegsgräuel auf dem Bauernhof

Das **sechste Bild** spielt im Jahr 1632 vor dem Hintergrund des Begräbnisses des kaiserlichen Feldhauptmanns Tilly im Marketenderzelt. Courage und Kattrin bedienen am Ausschank ihre Gäste, während der Feldprediger und der Regimentsschreiber über einem Brettspiel sitzen. Die Figuren unterhalten sich über den Krieg, Frieden und Heldenmut. Die Courage schickt Kattrin in Begleitung des Schreibers in die Stadt, um von dort einige Waren zu holen. Als sie allein sind, macht der Feldprediger der Courage einen Heiratsantrag, den diese ablehnt. Kattrin kehrt zurück – mit den Waren, aber offenbar von Soldaten misshandelt und vergewaltigt. Die Courage pflegt die Wunde ihrer Tochter und verflucht den Krieg.

■ Diskurs über den Krieg und Schändung Kattrins

Im **siebten Bild** ziehen Mutter Courage, Kattrin und der Feldprediger den Wagen über eine Landstraße. Dass die Courage jetzt die Höhe ihrer geschäftlichen Laufbahn erreicht hat, wird an den neuen Waren im Planwagen und an einer Kette mit Silbertalern, die sie trägt, deutlich. Sie singt ein Lied, in dem sie ihre Lebensweise, dem Krieg hinterherzuziehen und so Geschäfte zu machen, gutheißt.

■ Geschäftlicher Erfolg der Courage

Das **achte Bild** zeigt die Courage und ihren Anhang wiederum in einem Feldlager. Als ein junger Mann und seine alte Mutter ihr ein Geschäft vorschlagen, kommt die Nachricht vom Frieden. Kirchenglocken beginnen zu läuten. Der Koch kommt aus dem schwedischen Heerlager herüber und legt sich mit dem Feldprediger an. Beide konkurrieren um die Gunst der Mutter Courage. Yvette, gealtert, aber als verwitwete Obristin Starhemberg wohlhabend geworden, besucht die Courage und erkennt im Koch ihren Pfeifenpieter wieder, der sie vor Jahren sitzenließ. Mutter Courage zieht mit Yvette los, um letzte Waren zu verkaufen, bevor die Preise wieder fallen. Der gefesselte Eilif, verfolgt von Soldaten, stürzt herbei, seine Mutter suchend. Er ist bei einem Bauern eingebrochen und soll deshalb hingerichtet werden. Als die Courage zurückkehrt und zum Aufbruch ruft – der Krieg ist wieder aufgeflammt –, ist er bereits wieder abgeführt worden. Der Koch nimmt den Platz des Feldpredigers als Begleiter der Courage ein. Die Geschichte mit Yvette hat ihm in den Augen der Courage nicht geschadet.

■ Zurückgenommener Friedensschluss und Tod Eilifs

Im **neunten Bild**, das im Herbst des Jahres 1634

spielt, befindet sich die Courage mit Kattrin und dem Koch im Fichtelgebirge. Da die Geschäfte schlecht gehen und sie Hunger leiden, stimmen sie vor einem – ebenfalls heruntergekommenen – Pfarrhaus ein Lied an, um sich etwas zu essen zu erbetteln. Der Koch hat einen Brief aus seiner Heimat erhalten, der ihn informiert, dass er ein Wirtshaus in Utrecht geerbt habe. Dorthin will er mit der Courage ziehen, die stumme Kattrin aber zurücklassen, weil für sie kein Platz mehr in der Wirtschaft sei. Kattrin belauscht das Gespräch und will mit einem Bündel fortgehen, doch die Mutter hält sie auf: Sie hat sich gegen das Angebot des Kochs entschieden. Dieser isst noch beim barmherzigen Pfarrer seine Brennnesselsuppe, als die Courage und ihre Tochter ohne ihn aufbrechen.

Entscheidung gegen den Koch und für Kattrin

Im **zehnten Bild**, das für das ganze Jahr 1635 steht, ziehen die Courage und Kattrin auf den Straßen Mitteldeutschlands den »immer zerlumpteren Heeren« (S. 10) hinterher. Aus einem Bauernhaus erklingt ein ergreifendes Lied, dem sie zuhören, bevor sie weiterziehen.

»Uns hat eine Ros ergetzet«

Im **elften Bild**, es ist der Januar 1636, haben Mutter Courage und Kattrin mit ihrem Planwagen neben einem Bauernhaus vor der evangelischen Stadt Halle ihr Nachtlager aufgeschlagen. Die Courage kauft gerade in der Stadt ein. Ein Fähnrich und zwei Soldaten schrecken die Bauersleute auf. Sie sollen ihnen einen Pfad in die Stadt zeigen, damit das sich im Gehölz versteckende kaiserliche Heer Halle überfallen kann. Die Bauersfamilie widersetzt sich zunächst, kooperiert aber, als die Soldaten mit der Tötung des Viehs drohen. Als Kattrin von bedrohten Kindern in der Stadt hört, begibt sie sich mit einer Trommel auf das Dach des Stalles und beginnt, sie wie wild zu schlagen, um die schlafenden Menschen zu warnen. Sowohl den Soldaten als auch den Bauersleuten fallen nur unzureichende Mittel ein, sie entweder zu stoppen oder zu übertönen. Schließlich töten die Soldaten die immer weiter verzweifelt weinende und trommelnde Kattrin mit einem Gewehrschuss. In der Stadt aber ertönt die Sturmglocke und die ersten Kanonenschüsse werden auf das Belagerungsheer abgefeuert.

■ Heldentat und Tod Kattrins

Im **zwölften Bild**, am Morgen derselben Nacht, hockt Mutter Courage bei ihrer toten Tochter vor dem Planwagen und singt ihr ein Lied. Sie glaubt nach wie vor, dass ihr Sohn Eilif lebt. Von den Bauersleuten zur Abreise getrieben, gibt sie ihnen etwas Geld, damit sie Kattrin ordentlich bestatten. Im Gefolge des abmarschierenden kaiserlichen Heeres will sie wieder Geschäfte machen, spannt sich allein vor den Wagen und zieht los.

■ Die Courage zieht dem Krieg weiter hinterher

3. Figuren

Mutter Courage

Biografische Andeutungen

Die Hauptfigur Mutter Courage heißt eigentlich Anna Fierling und wurde in Bamberg geboren (S. 12). Äußere Merkmale sind nicht bekannt. Von ihrer Vorgeschichte wissen wir, dass sie sich mit einigen »unsolid[en]« (S. 80) Männern eingelassen hat. Von verschiedenen Vätern stammen deshalb auch die drei Kinder, Eilif, Schweizerkas und Kattrin. Ihren Ehrennamen Mutter Courage hat sie erhalten, als sie einmal mit fünfzig Brotlaiben im Wagen durch ein Geschützfeuer gefahren ist (S. 9). Sie macht den Eindruck eines »unbotmäßigen Geist[es]« (S. 10), einer wehrhaften Frau (S. 13), die »Haare auf die Zähn« (S. 80) hat.

Ihr Marketendergeschäft

Ihr Geschäftsmodell im Dreißigjährigen Krieg besteht darin, dass sie den Trossen der Heere – egal welchen – hinterherzieht und in den Feldlagern Waren wie Schnaps, Nahrungsmittel, Schmuck, Militaria und Textilien verkauft, die sie zuvor anderswo günstig eingekauft hat. Sogar Wahrsagerei gehört anfangs zum Angebot (S. 14). Auf diese Weise bringt es die Courage bald zu einer gewissen Berühmtheit (S. 45, 80), während der geschäftliche Erfolg sich nur sehr wechselhaft einstellt.

Rücksichtslose Geschäftemacherei

Der hervorstechendste Charakterzug der Mutter Courage ist ihre Geschäftstüchtigkeit. Sie wägt kenntnisreich und routiniert Vor- und Nachteile eines Handels ab, feilscht geschickt, hält Geld nach Möglichkeit

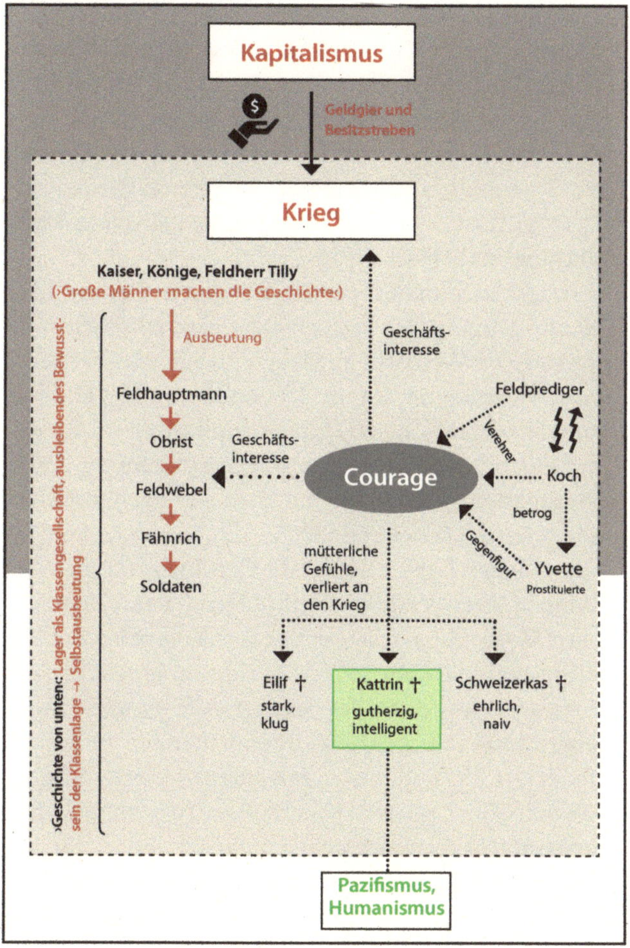

Abb. 3: *Mutter Courage und ihre Kinder*, Überblick über die Figurenkonstellation

beisammen, schlägt Gewinn aus der Not anderer und manipuliert mögliche Käufer, indem sie ihre Ware besonders schmackhaft macht (S. 17 f., 20–22). Immer wieder betont sie, dass die Fortführung des Krieges die Basis ihres geschäftlichen Erfolges ist (z. B. S. 30, 75, 88, 96). Da sie ihr Geschäft damit auf der Not anderer aufbaut, nennt der Feldprediger sie eines Tages »Hyäne des Schlachtfelds« (S. 82).

Zynische Grundeinstellung

Das Marketendergeschäft hat Anna Fierling hartherzig gemacht. Sie hat sich eine materialistische und egoistische Weltsicht angeeignet: »Ich hab aber keine Seel. Dagegen brauch ich Brennholz.« (S. 69) Dass sie mit althergebrachten Moralvorstellungen nicht viel anfangen kann, sieht man unter anderem an ihrem pragmatischen Umgang mit dem sündigen Vorleben ihres neuen Lebensgefährten, des Kochs (S. 89). Ihr Berufsleben färbt stark auf ihr Gefühlsleben ab: Werbungen ihrer Verehrer um ihre Hand wehrt sie nüchtern ab: Sie habe neben ihrem Geschäft keine Zeit für »Privatgeschichten« (S. 72). Mit ihrem geschäftlichen Erfolg in der Mitte des Stückes tritt sie gleichwohl entspannter auf, schränkt ihren äußersten Arbeitseifer etwas ein und entwickelt hiermit einige liebenswertere Züge, was den Feldprediger zu seinem Antrag ermuntert haben mag.

Mütterliche Seiten

Eine andere Seite der Courage zeigt sich im Umgang mit ihren Kindern. Das »[D]urchbringen« (S. 72) der Kinder bezeichnet sie sogar als ihr Ziel im Krieg. Ganz wie man es von einer Mutter erwarten mag, verhält sie sich ihnen gegenüber erziehend, beratend, aber auch beherrschend und zurechtweisend. Sie versucht das ihr Mögliche, ihre Kinder davor zu bewahren, mit in den Strudel des Krieges hineingezogen zu werden. Sie will Eilif nicht Soldat werden lassen, sie bringt Schweizerkas in eine vermeintlich gefahrlose Stellung als Zahlmeister beim schwedischen Heer, sie warnt Kattrin vor der Zügellosigkeit der Soldaten.

Mutter- gegen Händlerrolle

Diese mütterlichen Züge werden aber immer wieder von der eigenen Geschäftstüchtigkeit durchkreuzt. Die Kinder haben dann nicht nur das Nachsehen, sondern gehen daran zugrunde. Als sie im 2. Bild Eilif wiedertrifft, fällt sie ihm nicht sofort um den Hals, sondern feilscht weiter um den Kapaun (S. 22). In der Lebensgefahr für Schweizerkas sorgt sie sich nicht nur um ihren Sohn, sondern auch darum, dass die Gläser und Messer richtig geputzt werden (S. 52), und sie knausert mit dem Bestechungsgeld (S. 53). Im 8. Bild steht der rasche Aufbruch mit dem Wagen einem Wiedersehen mit dem zum Tode verurteilten Eilif entgegen. Sie macht sich vor, sie werde ihren Sohn auf dem Marsch schon treffen (S. 89). Ebenso ist sie geschäftlich unterwegs, als sich Kattrin trommelnd in Lebensgefahr begibt und schließlich stirbt.

Uneindeutiges Charakterbild

Der Charakter der Courage schwankt zwischen Geschäftstüchtigkeit und Mutterliebe also wie zwischen zwei Polen. Vermittelt, etwa im Sinne einer höheren Einsicht oder eines Lernertrags, werden diese beiden Motivationen eigentlich nie. Diese Struktur findet sich auch wieder in ihrer Auffassung von Krieg und Frieden. Sie kann einerseits mit Mutterwitz über den

Krieg spotten, ihn analysieren, ihn verfluchen (S. 74), andererseits die vorgeschobenen Kriegsgründe nachbeten: Zu einer in sich stimmigen Auffassung vom Krieg gelangt sie nicht. Sie spürt durchaus eine gewisse Friedenssehnsucht und sie ist »froh« (S. 78) über die Nachricht vom Frieden. Und doch entfährt ihr kurz darauf ein »Gott sei Dank!« (S. 88) über den wiederaufgeflammten Krieg, der für ihr Auskommen entscheidend geworden ist. So ist auch die Trauer über den Verlust der Tochter nur von kurzer Dauer: »Ich muß wieder in'n Handel kommen.« (S. 107)

Brecht hatte kein Interesse daran, die dargestellten sozialen und historischen Spannungen in »›runden‹ Charakteren, die exemplarisch für jeweils eine Konfliktpartei stehen, zu vermitteln oder gar zu harmonisieren, [sie] gehen als qualvoll zerreißende mitten durch die Brechtsche Gestaltenwelt hindurch«.[2] Zudem ist es weniger die Figur, der Charakter der Courage, die ihre vielgestaltigen Kriegsdeutungen ›schöpft‹ oder ›selbst denkt‹; eher muss man davon sprechen, dass sie eine Bandbreite von Kriegsdeutungen darstellbar machen soll, also ›transportiert‹. Hier zeigt sich der für das epische Theater typische Vorrang der Handlung vor der Charakterdarstellung. Andererseits dienen ihre gelegentlich geäußerten klugen, einsichtsvollen Gedanken auch dazu, in der Figur abweichende

Einordnung der Figur in die Theatertheorie Brechts

2 Reinhold Grimm, »Der katholische Einstein: Grundzüge von Brechts Dramen- und Theatertheorie«, in: *Interpretationen: Brechts Dramen*, hrsg. von Walter Hinderer, Stuttgart 2011, S. 11–33, hier S. 17.

Handlungsoptionen anzulegen. Das Publikum bleibt gespannt auf die Entwicklung der Courage.

Kattrin

Kattrin, die Tochter der Mutter Courage, heißt mit vollem Namen Kattrin Haupt und ist »eine halbe Deutsche« (S. 11). Sie ist stumm, aber nicht von Geburt an. Als sie klein war, zu Beginn des Krieges, hat ihr ein Soldat »was in den Mund geschoppt« (S. 74). Sie kann einige »rauhe Laute« (S. 18) von sich geben – mal jault sie wie ein Hund (S. 44), mal sind es eher »Gurgellaute« (S. 62) oder sie »lallt« (S. 63). Ihrer Mutter kann sie sich auf diese Weise manchmal auch ohne Worte verständlich machen. »[W]ie es in ihrem Kopf ausschaut« (S. 73), bleibt aber auch der Mutter weitestgehend verborgen.

■ Artikulation der Stummen

Kattrin erregt durchaus das Mitgefühl der übrigen Figuren (»armes Tier« [S. 43, 101]). Der Krieg ist die denkbar schlechteste Umgebung für eine junge Frau, die sich kaum wehren und äußern kann. Vermutlich hat sie mindestens eine Vergewaltigung erlebt (S. 73). Sie träumt schlecht und stöhnt im Schlaf (S. 93). 1632 wird sie während einer geschäftlichen Mission nach Ingolstadt misshandelt und zieht sich eine Fleischwunde über Stirn und Auge zu (S. 72), von der eine hässliche Narbe bleibt.

■ Misshandlungen von klein auf

Der Krieg hat Kattrin aber nicht wie ihre Mutter hartherzig werden lassen, sondern mitfühlend und zart. Früh wird ihr »gutes Herz« (S. 17) betont. Sie ver-

■ Merkmal der Güte

abscheut den Krieg und lehnt sich gegen Ungerechtigkeit auf. Sie ist ein »Kindernarr« (S. 74). Mutig rettet sie im 5. Bild einen Säugling aus einer einsturzgefährdeten Hütte. Wie die Mutter geringschätzig einwirft, kann es nicht das erste Mal gewesen sein, dass sie einen Säugling »zum Herumschleppen« (S. 63) aufnimmt. Selbst einen überfahrenen Igel verbirgt sie aus Mitgefühl bei sich: »Die leidet am Mitleid.« (S. 93)

Ihr Traum von Akzeptanz und Zärtlichkeit

Ihre Sehnsucht nach einem normalen Leben als Ehefrau und Mutter bestimmt das Denken und Handeln der stummen Kattrin mit. Sie hat eine instinktiv positive Einstellung zum Frieden, weil die Verwirklichung dieses Lebensmodells ihr nur nach Beendigung des Krieges möglich scheint. Sie sehnt sich danach, eine für Männer attraktive Frau zu sein: Deshalb probiert sie im 3. Bild Hut und Schuhe der Yvette an, stolziert, Yvettes aufreizenden Gang kopierend, damit herum (S. 36). Der Text deutet jedoch an, dass Kattrin Schwierigkeiten haben könnte, einen Partner zu finden: Im 9. Bild spricht der Koch, von ihr belauscht, schonungslos aus, dass eine Stumme mit Narbe »und in dem Alter« (S. 92) keinen Mann mehr finden werde. Kattrin fühlt sich überflüssig und will ihren Platz still und heimlich räumen (S. 96), was die Mutter im letzten Moment verhindert.

Das 11. Bild und Kattrins Ende

Die Entwicklung der Figur kulminiert im 11. Bild. Wiederum aus Kinderliebe entscheidet sie sich, die Bewohnerinnen und Bewohner der Stadt Halle aus dem Schlaf zu wecken. Sie klettert auf das Strohdach eines Stalles und beginnt, die Trommel zu schlagen.

Sie beweist hier einen starken Willen, ihr Vorhaben der eigenen Lebensgefahr ungeachtet umzusetzen, und eine große Opferbereitschaft für andere Figuren. Eine gewisse Lebensmüdigkeit mag eine Rolle spielen: Ihr Todesmut wird womöglich auch durch das Gefühl ausgelöst, von ihrem Umfeld nicht mehr erwünscht zu sein. Schließlich stirbt sie am Ende des 11. Bildes, von einer Gewehrkugel getroffen, auf dem Stalldach.

Eilif

Eilif ist das älteste Kind der Mutter Courage und ihr »der liebste von allen« (S. 89). Mit Nachnamen heißt er Nojocki, weil sein Vater, wie seine Mutter erklärt, behauptet hat, »er heißt Kojocki oder Mojocki« (S. 10). Der Mann hingegen, den der junge Mann als seinen Vater im Gedächtnis hat (»ein Franzos mit einem Spitzbart« [S. 10]), ist nicht sein leiblicher Vater. In Schweden wird Eilif 1624 für das schwedische Heer geworben und bleibt in ihm Soldat, bis er 1632 hingerichtet wird, weil er bei einem Bauern eingebrochen ist.

■ Biografischer Abriss

Eilif ist ein kräftiger junger Mann. Als wir ihm im 1. Bild zum ersten Mal begegnen, zeigt er auch einen Hang zur Gewalttätigkeit (S. 12). Besonders seine Mutter hält große Stücke auf seine Intelligenz und Klugheit (S. 10 f., 23) und erwartet von ihm »Heldentaten« (S. 88). Er wird offenbar ganz gerne Soldat, weil er in diesem ›Handwerk‹ ein passendes Betäti-

■ Klugheit, Stärke und Mut

gungsfeld für seine Kühnheit vermutet. Bereits im 2. Bild sitzt er vertraut an der Seite des schwedischen Feldhauptmannes. Die Geschichte von der Entführung der Ochsen, mit der er prahlt, zeigt ihn als mutig, aber auch als rücksichtslos und hinterhältig.

Söldner und Opfer des Krieges

Obwohl er diese soldatischen ›Tugenden‹ auch in späteren Jahren nicht verlernt haben wird, werden ihm die erlernten Routinen von Diebstahl und Plünderung im 8. Bild zum Verhängnis. Er kann nicht verstehen, dass das, was gestern noch von ihm erwartet wurde oder ihm zumindest erlaubt war, heute schon Unrecht sein soll, wirkt von dieser Situation überfordert. Seine Antwort auf die Frage des Feldpredigers, was man seiner Mutter ausrichten soll, zeugt von Ratlosigkeit: »Sag ihr, es war nichts anderes, sag ihr, es war dasselbe. Oder sag ihr gar nix.« (S. 87)

Schweizerkas

Erklärung des Namens

Schweizerkas ist der jüngere Sohn der Mutter Courage. Sie nennt einen Festungsbaumeister als seinen leiblichen Vater. Der Nachname Fejos kommt von einem ungarischen Liebhaber, dem sie den Sohn unterschob. Den Rufnamen habe er allerdings seinem Geschick beim Ziehen des Planwagens zu verdanken (S. 11).

Naivität und Ehrlichkeit

Auch Schweizerkas ist kräftig, aber im Gegensatz zum älteren Bruder einfältig. Die Mutter bezeichnet ihn als ihren »dummen« Sohn, »der aber redlich ist« (S. 23). Seine Naivität macht ihr letztlich »fast Angst«

(S. 41). Die Schweden ernennen ihn zum Zahlmeister des Zweiten Finnischen Regiments, weil sie ihm nicht zutrauen, mit der Regimentskasse durchzubrennen. Als im 3. Bild das schwedische Lager von der kaiserlichen Armee gestürmt wird, nimmt er die Kasse gewissenhaft in seine Obhut und verbirgt sie zunächst im mütterlichen Planwagen, bevor er sie in einem Maulwurfsloch am Fluss verstecken will, damit der Feind sie nicht findet.

Ähnlich wie später für seinen Bruder endet auch für Schweizerkas die Verkennung der Lage tödlich. Er macht sich Illusionen, er werde für die Verwahrung der Schatulle von seinen Vorgesetzten noch gelobt werden, und unterschätzt damit die Willkür des Kriegswesens. Der Feldwebel und »der mit der Binde« (S. 43), ein schwedischer Spion, ergreifen ihn als Dieb der Regimentskasse. In dieser Situation bringt Schweizerkas die Vernunft auf, die Familie aus der Angelegenheit herauszuhalten (S. 44). Am Ende des 3. Bildes wird er von einem Kriegsgericht verurteilt und mit elf Kugeln hingerichtet (S. 53).

Opfer der Kriegswillkür

Der Feldprediger

Der Feldprediger ist anfangs im Gefolge des schwedischen Feldhauptmannes als Geistlicher tätig (2. Bild). Mit dem Seitenwechsel der Courage, die fortan mit dem katholischen Heer ihr Marketender-Geschäft betreibt, hat er, als Protestant, kein geistliches Amt mehr inne, sondern ist einfacher Schankknecht, Gefährte

Vom Geistlichen zum Gefährten

der Courage auf ihren Fahrten, bevor er am Ende des 8. Bildes von seinem Konkurrenten, dem Koch, ersetzt wird.

Unsympathische Züge im 2. Bild

Der Feldprediger macht eine deutliche Entwicklung durch. Anfangs ist er ein bigotter Gottesmann, der die Bibel auslegt, wie es dem Kriegswesen dient (S. 24), und vehement die vorgeschobenen protestantischen Kriegsgründe vertritt (S. 34). Hinter vorgehaltener Hand erzählt er schmutzige Witze (S. 34). Als die Kaiserlichen das schwedische Lager überfallen, beansprucht er feige einen besonderen Schutz wegen seines protestantischen Glaubens (S. 37).

Wandlung mit dem Übergang zu den »einfachen Leuten«

Sobald der Feldprediger seinen offiziellen geistlichen Status verliert, gewinnt die Figur deutlich sympathischere Züge. Er ist aktiv an der Rettung einer armen Bauernfamilie beteiligt (5. Bild) und hält über das Wesen des Krieges schonungslos fest: »Schuld sind die, wo Krieg anstiften, sie kehren das Unterste zuoberst in die Menschen.« (S. 72) Er hält der Courage mutig einen Spiegel vor und begleitet den Eilif auf seinem letzten Gang (S. 87). Selbst kleidet er diese persönliche Entwicklung gegen Ende des Stückes in die paradoxen Worte: »Seit ich verlumpt bin, bin ich ein besserer Mensch geworden.« (S. 83) Man kann sagen, dass der Feldprediger – gezwungenermaßen – der Macht (und der korrumpierten Kirche) entsagt und sich in das gemeine Volk eingeordnet hat, das er hilfsbereit unterstützt.

Seinen zentralen Auftritt hat der Feldprediger im 6. Bild. Zunächst gibt er seine Sichtweise auf den

Krieg zum Besten: dieser führe sozusagen ein Eigenleben und lasse sich nicht beenden. Später fällt diese Auffassung auf ihn zurück, als die Courage und der Koch ihm seine falschen Prognosen vorwerfen (8. Bild). Ebenfalls im 6. Bild macht er der Courage einen Heiratsantrag, der ihn deutlich Überwindung kostet und an dessen Aufrichtigkeit nicht zu zweifeln ist: »Ich bin ein ernster Mensch und hab mir überlegt, was ich sag.« (S. 72)

Heiratsantrag an die Courage

In diesem Bild wird zudem deutlich, dass ihn nach wie vor ein geistliches Selbstbewusstsein durchdringt: »Gott hat mir die Gabe der Sprachgewalt verliehen. Ich predig, daß Ihnen Hören und Sehen vergeht.« (S. 71) Doch diese Selbststilisierung ist nicht zweckfrei: Sie dient dazu, die Zumutung körperlicher Arbeiten wie Holzhacken abzuwehren. Der Feldprediger ist auch nach seiner Wandlung noch eine Figur, die sich auf ihre Weise durch die Kriegswirrnisse hindurchzulavieren versucht und Vorteile im Überlebenskampf herauszuschlagen bestrebt ist. Die Entlarvung des Kochs im 8. Bild zeigt ihn als deutlich vertrauenswürdigeren Partner der Courage, doch er ist »nicht geistesgegenwärtig« (S. 83) genug, seine Stellung an der Seite der Courage abzusichern.

Selbstbild und Weg durch den Krieg

Der Koch

Die Figur des blonden (S. 31), wohlgenährten (S. 84) Kochs, der eigentlich Lamb heißt (S. 22), wird in *Mutter Courage* in zwei Erzählsträngen eingeführt. Zu-

Doppelte Einführung im 2. und 3. Bild

nächst erleben wir ihn persönlich im 2. Bild in der Küche des schwedischen Feldhauptmannes, als er der Marketenderin einen Speisevogel abkauft. In diesem Feilschduell hat er das Nachsehen. Im darauffolgenden Bild erzählt Yvette von einem Verehrer, von dem sie sitzengelassen wurde, dem »Pfeifenpieter« (S. 31), einem Soldatenkoch in Flandern, der stets, selbst beim Sex, eine Stummelpfeife im Mund gehabt habe. Als gleich darauf der Koch wieder auftritt und sich eine Stummelpfeife anzündet (S. 34), können die Zuschauerinnen und Zuschauer bereits erkennen, dass es sich um ein und dieselbe Figur handelt.

Verführer der Frauen

Der Koch ist also ein Weiberheld, »ein[] Donschuan« (S. 70). Für Yvette ist er, als sie sich im 8. Bild wiedererkennen, »der schlimmste, wo an der ganzen flandrischen Küste herumgelaufen ist. An jedem Finger eine, die er ins Unglück gebracht hat.« (S. 85) Auch an Mutter Courage macht er sich heran, wohl weil er begreift, welch gute Partie eine geschickte Händlerin in Zeiten des Krieges wäre (S. 33). Der Feldprediger, mit dem er sich in einem »Hahnenkampf« (S. 83) befindet, will an seiner Stummelpfeife sogar erkennen können, dass es sich um einen »rücksichtslosen Gewaltmenschen« (S. 70) handelt.

Bei aller ihm zugeschriebenen Gefährlichkeit »auch im Zustand des Verfalls« (S. 85) will auch der Koch im Krieg nur irgendwie durchkommen und ist dabei wechselhaft erfolgreich. Seine Existenz als Feldkoch ist für ihn »ein Hundeleben« (S. 81), dem er sogar den Soldatenstand vorzöge. Im 8. Bild nimmt er die Auflösung seines Regiments zum Anlass, sein Bündel zu schnüren und zum Marketenderwagen der Courage herüberzukommen. Er agiert auch hier clever, doch als die Yvette ihn entlarvt, wehrt er sich nur halbherzig und gibt schließlich zu, bei seinem Besuch habe er hauptsächlich »auf eine warme Mahlzeit gehofft« (S. 85). Dass er gar »kein Glück« habe (S. 85), kann man trotzdem nicht behaupten, wird er am Ende des 8. Bildes doch von der Courage eingeladen, mit ihr zu ziehen (S. 89).

■ Zieht mit der Courage …

Im 9. Bild ist er trotzdem ein ›betrogener Betrüger‹, den die Courage allein zurücklässt. Mit seinem Plan, zusammen mit der Courage die Gastwirtschaft seiner verstorbenen Mutter zu übernehmen, aber Kattrin nicht in die Niederlande mitzunehmen, hat er, obwohl er die Courage zuletzt vertraulich »Anna« nennen darf (S. 92), den Bogen überspannt. Er sieht nur noch »verdutzt sein Zeug« (S. 97), als die Courage ihn und sein Gepäck zurücklässt, um mit ihrer Tochter weiterzuziehen.

■ … und wird von ihr fallengelassen

Yvette

Yvette Pottier wird im 3. Bild als »[e]ine hübsche Person« (S. 29) eingeführt, wie sie, ein Glas Branntwein vor sich, an einem bunten Hut näht. Wir erfahren, dass sie sich im Krieg als Prostituierte über Wasser hält. Ihre Alkoholkrankheit will sie nicht wahrhaben (S. 31). Aus ihrer eigenen autobiografischen Erzählung (S. 31) geht hervor, dass sie aus Flandern stammt und

■ Weg in den Krieg und Existenz als Prostituierte

in das Kriegsgeschehen gezogen wurde, als sie dem »Pfeifenpieter« (S. 31), einem ehemaligen Liebhaber, nachzog, dem sie allerdings nicht wieder begegnete. Diese Erfahrungen haben sie gegen die Liebe hart gemacht und den Weg einschlagen lassen, ihren Körper an Soldaten zu verkaufen.

Als die katholischen Truppen das schwedische Lager einzunehmen drohen, macht sie sich für die Soldaten besonders schön, trägt Puder auf und will ihre roten Schuhe anziehen (S. 38), während die Courage das Gesicht ihrer Tochter mit Dreck verunstaltet. Die Strategie der Untugend geht stets besser auf als die der Familie Courage. Am Ende des 3. Bildes hat sie einen alten Oberst um den Finger gewickelt. Geschickt spielt sie die Männer, die an ihr interessiert sind, gegeneinander aus (S. 49). Sie erweist sich als habsüchtig (S. 50) und weist die Courage arrogant zurecht: »Sie verdienens nicht, daß ich mich überhaupt noch um Sie kümmer.« (S. 53) In einigen Situationen zeigt aber auch diese Figur durchaus Regungen der Mitmenschlichkeit (etwa als sie Kattrin vor dem Anblick ihres toten Bruders bewahren will, S. 53).

■ Erste Erfolge

■ Hilfsbereitschaft

Yvette tritt erst im 8. Bild wieder auf. Sie »kommt, in Schwarz, aufgetakelt, mit Stock. Sie ist viel älter, dicker und sehr gepudert.« (S. 83) Auch der Bediente hinter ihr soll bei den Zuschauerinnen und Zuschauern den Eindruck entstehen lassen, dass sie sich am Krieg geradezu gesundgefressen hat oder dass sie, wie sie es selbst ausdrückt, »in die Höh gekommen« ist (S. 85). Sie hatte reich geheiratet (den älteren Bruder

■ Yvette als »Frau Obristin«

des alten Obristen aus dem 3. Bild) und wurde dadurch nach dessen absehbar baldigem Tod gut ausgestattete Obristenwitwe. Im Koch erkennt sie ihren Pfeifenpieter wieder. Erneut weist sie einen Leidensgenossen des Krieges scharfzüngig zurecht, diesmal allerdings vermutlich nicht allein aus Arroganz, sondern auch aus Wut über die einstige Zurückweisung, die sie durch den Koch erfahren hat: »Halt das Maul, traurige Ruin! […] Aber daß ich dir jetzt das Handwerk gelegt hab, wird mir dereinst oben angerechnet, Pfeifenpieter.« (S. 85)

Verhältnis zu anderen Figuren

Die anderen Figuren sehen in Yvette im 3. Bild ausschließlich eine Prostituierte mit fragwürdiger Moral. Die Courage sieht sie als schlechten Umgang für ihre Tochter an (S. 31). Rüde zieht sie sie von ihrem Wagen herunter, in dem sie stöbern will (S. 50). Sie glaubt, Yvette hereinlegen zu können, indem sie ihr ihren Plan, den verpfändeten Wagen mithilfe der Regimentskasse wieder zurückzukaufen, vorenthält (S. 51), doch es wird deutlich, dass sich hier zwei Geschäftsleute auf Augenhöhe begegnen. Das Wiedersehen im 8. Bild verläuft herzlich (»Sie umarmen sich«, S. 84). Die anderen Figuren sind nun voller Respekt für die »Frau Obristin« (S. 84), die es »im Krieg zu was gebracht hat« (S. 84) und über »Verbindungen« verfügt (S. 85).

Yvette dient Brecht dazu darzustellen, wie weit man es im Krieg unter der Aufgabe sexueller Selbstbestimmung und dem Ignorieren konventioneller Moralvorstellungen bringen kann, und wie sich die

Yvette in Dreiecksbeziehung mit der Courage und Kattrin

Umwelt von einer erhöhten gesellschaftlichen Stellung beeindrucken lässt. Dennoch bleibt auch Yvette eindeutig auf der machtlosen Seite der Ausgebeuteten des Krieges. Sie ist Spiegelbild und Gegenfigur sowohl der Courage als auch Kattrins: Ebenso geschäftstüchtig und gewieft wie die Courage, ist sie im Gegensatz zu ihr dauerhaft erfolgreich, weil sie um so etwas wie einen guten Ruf und ihre sexuelle Unabhängigkeit nicht mehr besorgt ist. Wie Kattrin startet sie als Außenseiterin in die Handlung, aber ergreift anders als diese rücksichtslos die Chancen, die der Krieg für sie bietet.

4. Form und literarische Technik

Der Autor Bertolt Brecht ist bekannt als der Erfinder des epischen Theaters. Aber was bedeutet das eigentlich? Manchmal fällt in diesem Zusammenhang noch ein weiterer Begriff: Episches Theater sei nicht-aristotelisches Theater. Das heißt, der Begriff episches Theater bringt einen programmatischen Gegensatz zu einer anderen Dramenkonzeption zum Ausdruck.

■ Episches als nicht-aristotelisches Theater

Der griechische Philosoph Aristoteles beschreibt in seiner *Poetik* den Aufbau der griechischen Tragödie, um sie vom Epos, der erzählenden Dichtung, abzugrenzen: Es solle in der Tragödie erstens keine Zeitsprünge und Nebenhandlungen geben. Später wurden daraus die drei ›aristotelischen Einheiten‹ von Zeit, Handlung und Ort. Zweitens fordert Aristoteles, dass die Szenen des Dramas aufeinander aufbauen sollen, das Stück somit eine geschlossene Form von Anfang, Mitte und Ende aufweist, in der jedes Bühnengeschehen seinen festen, unaustauschbaren Platz habe. Drittens schließlich sei das Ziel der Theateraufführung eine »Reinigung« (Katharsis) des Publikums von seelischen Erregungszuständen wie Angst, Kummer und Trauer. Es solle diese Zustände während der Handlung selbst durchleben und sie dadurch loswerden.

■ Merkmale des aristotelischen Theaters

Dass Brecht diese Theaterkonzeption in Frage stellt, ist nur vor dem Hintergrund seiner abweichenden Zielvorstellung verständlich: Für ihn sollen die Zuschauerinnen und Zuschauer nicht eine persön-

Gesellschaftspolitische Ziele von Brechts Theater

liche Läuterung erfahren, sondern zur Kritik an gesellschaftlichen Zuständen befähigt werden. Die Theatertheorie Brechts steht damit in engstem Zusammenhang mit seiner kommunistischen Weltanschauung: Zur revolutionären, die Wirklichkeit verändernden Tat sei nur ein Mensch in der Lage, der ein Bewusstsein seiner gesellschaftlichen Stellung, seiner Klassenlage, erlangt hat. Dazu müsse er aber die ihn umgebenden Machtstrukturen und -mechanismen durchdringen und verstehen.

Brecht propagierte eine offene Form des Theaters. Seine Strukturauffassung ist die einer losen Reihung weitgehend unabhängiger Szenen, die fast beliebig an- und umgeordnet werden können.[3] Die Ereignisse gehen nicht auseinander hervor, stehen in keiner Kausalbeziehung zueinander, sondern folgen nur szenisch aufeinander. Die Anordnung der einzelnen Bilder, die außerdem noch durch zum Publikum gesprochene Kommentare, in der *Courage* aber speziell durch die Songs auseinanderfallen, steht stets im Dienste der (die Machtverhältnisse entlarvenden) Geschichte, anders gesagt der Fabel, die den Zuschauerinnen und Zuschauern *erzählt* wird – deshalb heißt es auch *episches* Theater.

Erzählung einer Geschichte als Kern des epischen Theaters

Gegensätzlich zum aristotelischen Theater ist vor allem die Konzeption des Verhältnisses von Zuschauerinnen und Zuschauern und Bühnenfiguren. Brecht ist gegen die Einfühlung der Betrachtenden in

3 Grimm (s. Anm. 2), S. 16.

die Gedanken- und Gefühlswelt der Helden. Sie sollen auch nicht von der Handlung mitgerissen werden und womöglich wie gebannt auf die Bühne starren. In der *Courage* sind die Titularien, welche die Handlung vorwegnehmen, ein dramatisches Mittel, die Gespanntheit auf ihren Fortgang zu mildern. Im Gegenteil sollen die Zuschauerinnen und Zuschauer eine kritische Distanz zu den Figuren und der Handlung entwickeln. Von ihnen ist nicht die passive Hingabe gefordert, sondern die aktive Mitwirkung an einem Erkenntnisprozess.

■ »Distanzierung« statt »Einfühlung«

Diese Technik kann an der Courage-Figur sehr gut gezeigt werden: Sie selbst erkennt den Zusammenhang von Krieg, Geschäft und dem Schicksal ihrer Familie nicht. Es ist den Zuschauerinnen und Zuschauern aufgetragen, die Verbindungslinien zu ziehen. Nicht im Sinne Brechts wäre es, wenn die Zuschauerinnen und Zuschauer mit der vor Geschäftstrieb blinden Courage mitlitten und ihrer Auffassung, mit dem Krieg sei ein Geschäft zu machen, folglich entsprächen.

■ Anwendung auf die Courage-Figur

Das epische Theater stellte niemals ein abgeschlossenes Konzept dar. Brecht hat eine Theorie seines Theaterkonzepts vielmehr über einen Zeitraum von 20 Jahren in verschiedenen Veröffentlichungen verstreut hinterlassen: Der Frühstand der Theorie wird in den »Anmerkungen zur Oper ›Aufstieg und Fall der Stadt Mahagonny‹« von 1930 formuliert, der Spätstand im »Kleinen Organon für das Theater« von 1948. Die bündigste Einführung stellt ein Vortrag dar,

■ Entwicklung von Brechts Theatertheorie

den Brecht 1939/40 hielt: »Über experimentelles Theater«. In späteren Jahren sprach Brecht selbst lieber vom »dialektischen Theater«. Dieser Begriff betont stärker den Erkenntnisprozess, der in drei Schritten von der unreflektierten Ausgangssituation über die Verfremdung zu einem neuen, vertieften Verständnis führt.

Der Verfremdungseffekt (V-Effekt)

Als Bühnenpraktiker entwickelte Brecht – insbesondere in seiner Arbeit für sein eigenes Berliner Ensemble – die spezifische Technik des epischen Theaters weiter, den »Verfremdungseffekt« oder »V-Effekt«, laut Brecht selbst »eine Technik, mit der darzustellenden Vorgängen zwischen Menschen der Stempel des Auffallenden, des der Erklärung Bedürftigen, nicht Selbstverständlichen, nicht einfach Natürlichen verliehen werden kann«.[4] Erst die eigene Inszenierung des Stückes machte *Mutter Courage und ihre Kinder* 1949 zu einem Musterbeispiel des epischen Theaters.

V-Effekte in Dramentext und Aufführungspraxis

An vielen Stellen des Dramas ist der V-Effekt bereits dem Text eingeschrieben – die Songs, die Titularien (d. h. die kurzen Einführungstexte zu Beginn eines jeden Bildes, die wichtige Ereignisse vorwegnehmen), parallele Bühnenhandlungen, die unein-

4 Bertolt Brecht, »Die Strassenszene. Grundmodell einer Szene des epischen Theaters (1940)«, in: B. B., *Werke. Große Kommentierte Berliner und Frankfurter Ausgabe*, Bd. 22: *Schriften 2*, bearb. von Inge Gellert und Werner Hecht, Berlin/Weimar 1993, S. 370–381, hier S. 377, zit. nach: *Brecht-Lexikon*, hrsg. von Ana Kugli und Michael Opitz, Stuttgart/Weimar 2006, S. 253.

heitliche Figurengestaltung, die paradoxalen Sinngebungsstrukturen und ›verkehrten‹ redensartlichen Wendungen (siehe S. 60–62 dieses Lektüreschlüssels). Andere ergeben sich erst in der dramaturgischen Arbeit und der Regiearbeit: die Verwendung von Spruchbändern oder Texttafeln, die Einblendung von Texten oder Bildern, eine karge Bühne, wenige Requisiten, unauffällige oder verfremdende Kostüme, die helle Beleuchtung mit sichtbaren Scheinwerfern, der Umbau auf der Bühne bei offenem Vorhang.

Auch das Training der Schauspieler und Schauspielerinnen sollte für Brecht zur beabsichtigten Aufführungsweise passen. Leitgedanke für die Aufführenden war nicht die Illusion, sondern die Demonstration. Die notwendige Verfremdung hatte bereits darin zu bestehen, kenntlich zu machen, dass die Schauspielerinnen und Schauspieler die dargestellten Figuren nicht ›sind‹ und die Handlung nicht in erster Linie ›erleben‹, sondern ›zeigen‹. Das heißt auch, dass der Charakter des Theaters als ein Spiel, dessen Ausgang die Akteurinnen und Akteure kennen, hervorgehoben werden sollte. In der Probenarbeit konnte die erwünschte Wirkung trainiert werden, indem die Schauspielerinnen und Schauspieler z. B. von sich in der dritten Person sprechen sollten, um sich von der darzustellenden Figur zu distanzieren.

■ Der V-Effekt in der Schauspielarbeit

Zum Zweck der Verfremdung wird überdies eine Gattungsähnlichkeit effektvoll ausgenutzt: die zum Volksstück. Dabei handelt es sich um ein meist humoristisches Bühnenstück, das nicht die Sphären von

■ *Mutter Courage* und das Volkstheater

Adel oder gebildetem Bürgertum, sondern die der mittleren oder unteren Bevölkerungsschichten thematisiert. Von Brecht selbst stammt die Kritik:

> »Das Volksstück ist für gewöhnlich krudes und anspruchsloses Theater […] Da gibt es derbe Späße, gemischt mit Rührseligkeiten, da ist hanebüchene Moral und billige Sexualität. Die Bösen werden bestraft, und die Guten werden geheiratet, die Fleißigen machen eine Erbschaft, und die Faulen haben das Nachsehen.«[5]

Das Volksstückhafte in *Mutter Courage* entspricht ziemlich genau der oben zitierten Definition Brechts. So erscheint im 3. Bild die attraktive Prostituierte Yvette mit einem, wie die Bühnenanweisung hervorhebt, »uralten Obristen« (S. 48) als ihrem Verehrer – eine Figurenkonstellation, die, wie ihre Turtelei (S. 49), im derben Volkstheater gängig gewesen sein dürfte. Jedoch fordert die Betrachtung des Stückes bei den Zuschauerinnen und Zuschauern so etwas wie einen dialektischen Dreischritt aus These, Antithese und Synthese heraus: Die bekannten Versatzstücke des Volksstückes bilden die These: Die Figuren scheinen sich gemäß der Konventionen eines Volksstücks zu verhalten; es ist darum anzunehmen, dass Moralverstöße geahndet und gute Taten belohnt werden. Die Antithese ist die Nahelegung des Gegenteils intakter

5 Bertolt Brecht, »Anmerkungen zum Volksstück«, in: B. B. (s. Anm. 1), S. 293–299, hier S. 293.

Moralität – nicht mehr die Bösen werden bestraft, sondern die Guten. Die Synthese soll die Zuschauerinnen und Zuschauer zu einer Kritik an den Konventionen des herkömmlichen Volkstheaters – einem Theater, das der Lebenswirklichkeit nicht gerecht wird – befähigen.

5. Quellen und Kontexte

Entstehungsgeschichte

Bertolt Brecht war in der zweiten Hälfte der Zwanzigerjahre zu einem der bekanntesten Dramatiker der Weimarer Republik geworden. Da er sich gleichzeitig stark an den Ideen des Kommunismus orientierte, stand er auf den schwarzen Listen verpönter Autoren, als im Frühjahr 1933 die Nationalsozialisten die Macht in Deutschland ergriffen. Brecht ging nach Stationen in Prag, Wien, Zürich und Paris im Spätsommer 1933 nach Dänemark, wo er ein kleines Haus in Svendborg auf der Insel Fünen erwarb und dort mit seiner Familie für die nächsten fünfeinhalb Jahre lebte.

■ Exil in Dänemark 1933–1939

Die Beschäftigung mit dem Stoff der *Mutter Courage* wird von einigen Interpreten auf das Jahr 1934 datiert. Genaues lässt sich nicht mehr ermitteln, doch wahrscheinlich entstanden die Studien zum Stück und auch die ersten Textentwürfe erst im Jahr 1938. Brecht sprach später deshalb selbst davon, das Stück sei »im dänischen Exil«[6], jedenfalls »vor dem Ausbruch des zweiten Weltkrieges« in »Skandinavien«[7] geschrieben worden.

■ Arbeit an der *Courage* 1938/39

6 Brecht (s. Anm. 1), S. 271.

7 Bertolt Brecht, *Versuche 20/21*, Heft 9, Berlin 1949, S. 5, zit. nach: Jan Knopf, »*Mutter Courage und ihre Kinder*«, in: J. K., *Brecht-Handbuch. Theater: Eine Ästhetik der Widersprüche*, Stuttgart 1986, S. 181–195, hier S. 181.

Am 23. April 1939 verließ Brecht Dänemark in Richtung Schweden. Ein Jahr lang lebte er in einem Bauernhaus in Lidingö bei Stockholm. Innerhalb von fünf Wochen dürfte dort im Herbst 1939 die Urfassung der *Mutter Courage* entstanden sein. Jedenfalls legen dies die nachträglichen Notate Margarete Steffins, der Mitarbeiterin und Geliebten Brechts, nahe: In einem Notizkalender schrieb sie quer über die Spalten des 27./28. September 1939: »Brecht hat Mutter Courage angefangen«, über die Spalten vom 29. Oktober bis 3. November: »Courage fertig«.[8]

■ Niederschrift in Schweden 1939

Der heute vorliegende, verbindliche Text ist jedoch noch deutlich neueren Datums. Auch aufgrund der Kriegswirren blieb die Niederschrift Brechts lange Jahre ungedruckt. Als sich 1941 das Schauspielhaus Zürich um die Uraufführung der *Mutter Courage* bewarb, ging der Text dem Theater nur in Manuskriptform zu. Die Deutung des Stückes durch die Schweizer Presse blieb für Brecht unbefriedigend, weswegen er in den folgenden Jahren bis 1949 einige Änderungen vornahm (siehe dazu S. 72–74 dieses Lektüreschlüssels).

■ Uraufführung in Zürich 1941

8 Klaus-Detlef Müller (Hrsg.), *Brechts »Mutter Courage und ihre Kinder«* (suhrkamp taschenbuch materialien), Frankfurt a. M. 1982, S. 11.

Der Dreißigjährige Krieg

Der Dreißigjährige Krieg von 1618 bis 1648 galt Anfang des 20. Jahrhunderts im Schulwissen als Urkatastrophe der deutschen Geschichte. Und das gleich in dreifacher Hinsicht:

Kriegsnot und Bevölkerungsverlust

Weite Landstriche wurden erstens ganz oder teilweise entvölkert. Von der Landbevölkerung starben an die 40 Prozent. Die Bevölkerungszahl des Heiligen Römischen Reiches sank schätzungsweise von ca. 18 Millionen Menschen um ein Drittel auf ca. 12 Millionen, wobei es neben den Kriegshandlungen auch der

Abb. 4: Hans Ulrich Franck, *Der geharnischte Reiter*, Radierung, 1643

Hunger und die Seuchen waren, welche die Bevölkerung dahinrafften.

Zweitens wurde der Krieg als Zementierung der konfessionellen Spaltung gesehen. Noch Mitte des 16. Jahrhunderts konnte es so scheinen, als würde sich der Katholizismus komplett aus Deutschland zurückziehen müssen. Im Krieg sah es einige Zeit so aus, als ob die kaiserlichen Heere ganz Deutschland bis zur Ostsee für die sogenannte Papstkirche zurückgewinnen könnten. Die Glaubensspaltung wurde von der Nationalgeschichtsschreibung als Hindernis auf dem Weg zu einer einigen Nation konzipiert.

■ Nation und Konfession

Drittens wurde – ebenfalls vor allem von der nationalen Warte aus – beklagt, Deutschland sei während des Krieges zum Tummelplatz ausländischer Heere verkommen. In der Tat trugen europäische Mächte ihre Interessengegensätze kriegerisch auf dem Reichsboden aus. Mittlere Territorien, Klein- und Kleinstterritorien hatten den damaligen weltpolitischen Auseinandersetzungen nichts entgegenzusetzen. Das ›deutsche Trauma‹, uneinig und in der Mitte Europas liegend dem ›Ausland‹ ausgeliefert zu sein, wirkte lange und zumindest bis in die Nazizeit nach.

■ Der Dreißigjährige Krieg – Ein ›deutsches Trauma‹

Die heutige historische Forschung betrachtet viele Deutungen, die zu Brechts Zeiten noch unverrückbar festzustehen schienen, sehr viel differenzierter. Tendenziell wird der religiöse Faktor heute eher als Legitimationsideologie in vier sich kreuzenden und gegenseitig verstärkenden politischen Konflikten verstanden, die den Dreißigjährigen Krieg anfeuerten:

■ Heutige Perspektiven auf den Krieg

Erstens das Streben der (großenteils protestantischen) Reichsfürsten nach Souveränität im Konflikt mit dem Kaiser, zweitens der Kampf um Gleichberechtigung der reformierten Kirche und der ihr anhängenden Fürsten mit den Lutheranern und Katholiken, drittens die Auseinandersetzung um die Vormachtstellung in Europa zwischen Frankreich und den Habsburgern, viertens das Ringen um die Vorherrschaft auf der Ostsee.

Das Trosswesen des Dreißigjährigen Krieges

Anders als die moderne Armee seit dem 19. Jahrhundert war die frühneuzeitliche Armee kein stehendes Heer, das also auch in Friedenszeiten existierte, sondern wurde nach Bedarf zu Kriegszwecken aus Söldnern zusammengestellt. Fälle, in denen diese Soldaten die Kriegspartei wechselten, waren weniger die Ausnahme als die Regel. Versorgt wurde das Söldnerheer durch den mitfahrenden Tross, der schon einmal treffend als »Bauch«[9] des Heeres bezeichnet wurde. Zu ihm gehörten Handwerker, Fleischer und Bäcker, Ärzte und Wirte, aber auch die Frauen und die Kinder der Soldaten. Wer den Lagermarkt mit Waren bediente, wurde Marketenderin bzw. Marketender genannt. Hinter dem Heer wie ein Schweif hinterherzuziehen, war für die Gewerbetreibenden angesichts der verwüsteten Landstriche oft die einzige Möglichkeit, sich ein

9 Daniel Hohrath, »Soldatenfrau, Marketenderin, Lagerdirne. Frauen in den Heeren der frühen Neuzeit«, in: *Damals. Das Magazin für Geschichte*, 20. 9. 2002, www.wissenschaft.de/magazin/weitere-themen/soldatenfrau-marketenderin-lagerdirne/ (Stand: 7. 1. 2021).

Überleben zu sichern. In der zweiten Hälfte des Krieges schwoll der Tross bis auf das Anderthalbfache der Kampftruppen an. Die Anwesenheit einer Mutter und ihrer Kinder in den Feldlagern eines großen Krieges war also alles andere als ungewöhnlich.

Stoffgeschichte

Der Titel des Dramas *Mutter Courage* verweist auf eine Figur aus einem Werk des bekanntesten deutschen Romanschriftstellers aus der Zeit des Dreißigjährigen Krieges, Hans Jakob Christoffel von Grimmelshausen (1621–1676): *Trutz Simplex: Oder Ausführliche und wunderseltzame Lebensbeschreibung Der Ertzbetrügerin und Landstörtzerin Courasche* von 1670.

■ Grimmelshausen, *Ertzbetrügerin und Landstörtzerin Courasche*

Der Roman ist Teil einer miteinander verknüpften Reihe von zehn Büchern, die als »Simplicianischer Zyklus« zusammengefasst werden. Bis heute am berühmtesten ist *Der Abentheuerliche Simplicissimus Teutsch*, 1668 in fünf Büchern erschienen. Die Titelfigur, Simplicius Simplicissimus, erlebt die Wirren des Dreißigjährigen Krieges in unterschiedlichen Rollen: als naiver Viehhirte, als einfacher Söldner, als Offizier und als Narr, letztlich sogar als Opernsänger, Quacksalber, Wallfahrer und Weltreisender. Simplicissimus ist ein in den Ereignissen hin- und hergeworfener Held einfachster Herkunft, der sich mit List, Schläue und Wendigkeit, oft aber einfach nur schicksalhaft durch das Leben schlägt.

■ Grimmelshausen, *Simplicius Simplicissimus*

Diese Grundanlage übernimmt Brecht für seine Ti-

Brecht und der »Simplicianische Zyklus«

telfigur der Courage, wobei Brechts Kenntnis Grimmelshausens doch sehr ungenau und oberflächlich bleibt. In groben Umrissen wird aber der barocken Einordnung des Dreißigjährigen Krieges als großem, die Kategorien von Gut und Böse umkehrendem Chaos gefolgt. Wie Grimmelshausen interessiert Brecht die Darstellung des Kriegs als soziale Erscheinung und als Bürgerkrieg.

Die beiden Courage-Figuren: Ähnlichkeiten …

Aus der Handlung von Grimmelshausens *Courasche*-Roman (bereits dort gibt es auch die Schreibweise mit »g«) hat Brecht nichts direkt übernommen, doch entlehnt er ihm seine Hauptfigur, lässt sich zumindest durch einige ihrer Charakterzüge anregen: Beide begeben sich planvoll und zielbewusst in den Krieg, beide sind von Rauflust und vor allem von auffälliger Geldgier und Habsucht geprägt. Sie sind bestrebt, ihren Besitz zusammenzuhalten, und ihnen ist die Religion gleichgültig.

… und Unterschiede

Schwerer wiegen im Vergleich der beiden Figuren jedoch die Unterschiede: Eine »Landstörzerin« ist eine wahrhaftige Gaunerin, während in Brechts Figur deutlich die (auf ihren Ruf bedachte) Händlerin überwiegt. Die Courasche ist keine Mutter, sondern unfruchtbar und stolz darauf. Und sie handelt nicht mit Waren, sondern mit ihrem Körper, denn sie ist eine »Soldatenhur«[10]. *Courage* ist nicht nur eine französi-

10 Hans Jacob Christoph von Grimmelshausen, *Lebensbeschreibung der Erzbetrügerin und Landstörzerin Courasche*, hrsg. von Klaus Haberkamm und Günther Weydt, Stuttgart 2010, S. 53.

sche Bezeichnung für den Mut, sondern im Sprachgebrauch der Söldner auch und hier in erster Linie für die Vagina. Brecht hat diesen sexuellen Aspekt der Figur auf die Yvette Pottier übertragen.

Erster Weltkrieg und Nationalsozialismus

Brechts letzte Jugendjahre zwischen dem 16. und 20. Lebensjahr, also eine biografisch besonders prägende Lebensspanne, fallen in die Zeit des Ersten Weltkrieges. Dieser Krieg gilt als die Urkatastrophe des 20. Jahrhunderts. Er war die letzte Eskalationsstufe des imperialistischen Zeitalters, in dem sich die Großmächte ein Wettrennen um globalen Einfluss und kolonialen Besitz lieferten, und kostete zehn Millionen Soldaten, davon zwei Millionen deutsche, das Leben. Eine Katastrophe war das besonders für die junge Generation. Fast die Hälfte aller Gefallenen auf deutscher und britischer Seite war 19 bis 24 Jahre alt: Vor allem die Jungen wurden in den vorderen Linien eingesetzt. In den Schützengräben regierten Lärm, Stress, Enge, Krankheit, Hunger und Angst. Auf den Schlachtfeldern entschied der technologische Vorsprung, nicht mehr der persönliche Mut. Maschinengewehre, Panzer (»Tanks«), Granat- und Flammenwerfer, Handgranaten, Giftgas und Flugzeuge änderten die Kriegs- und Fronterfahrungen grundlegend. Verletzungen wurden immer furchtbarer. Wer überlebte, kehrte häufig traumatisiert und perspektivlos aus dem Krieg zurück.

Der »Große Krieg« 1914–1918

Im Oktober 1918 wurde Brecht, zum Medizinstudium immatrikuliert, als Sanitätssoldat in einem Augsburger Reservelazarett verpflichtet, aus dem er nach drei Monaten wieder entlassen wurde. Es entstanden in dieser Zeit Anti-Kriegs-Schriften wie die *Legende des toten Soldaten*, in der halb verweste Gefallene ausgegraben und wieder in den Krieg geschickt werden. Ohne den historischen Hintergrund des Ersten Weltkrieges wäre der radikale Pazifismus Brechts kaum zu erklären, und auch die Deutungen, die der Dreißigjährige Krieg in *Mutter Courage* erfährt, entsprechen größtenteils den Motiven, in denen der vergangene Weltkrieg literarisch-künstlerisch verarbeitet worden war: Hilflosigkeit der Soldaten gegenüber einer gesichtslosen Militärmaschinerie, Mangel an Humanität und Emotionalität, Lebensmittelknappheit an der Front, Ignoranz der Befehlshaber bezüglich der Situation der leidenden Soldaten, Sinnlosigkeit des Krieges überhaupt usw.

■ Pazifistische Motive Brechts

Die Wahl des Stoffes für Brechts neues Stück *Mutter Courage und ihre Kinder* hatte ganz entscheidend mit den aktuellen politischen Entwicklungen zwischen Nazi-Deutschland auf der einen und seinen beiden skandinavischen Gastgeberländern Dänemark und Schweden auf der anderen Seite zu tun. Im Rückblick schrieb Brecht 1953: »Ich habe mein stück ganz bewußt für Skandinavien geschrieben …«[11] Wie der

■ Skandinavien und der Nationalsozialismus

11 Bertolt Brecht, Einführungsessay in »Politiken«, 7. 10. 1953, zit. nach: Harald Engberg, »*Mutter Courage* und Dänemark«, in: Müller (s. Anm. 8), S. 259–273, hier S. 272.

Brecht-Forscher Harald Engberg hervorhob, wollte Brecht mit dem Stück den Irrglauben Dänemarks entlarven, im großen Krieg ein großes Geschäft machen zu können, ohne selbst von ihm betroffen zu sein. In dem zitierten Brief spricht Brecht von einer »Warnung« an die Skandinavier, angesichts der Nazi-Barbarei in einer neutralen bündnispolitischen Position verharren zu wollen, einer Warnung, die aber »zu spät« kam.

Es gibt einen interessanten Einakter Brechts aus dem Jahr 1939, im August jenes Jahres von Amateurschauspielerinnen und -schauspielern in Stockholm aufgeführt, der die Deutung Engbergs stützt: *Was kostet das Eisen?* In dieser Komödie tritt ein Stahlmagnat auf, der Schwede Svendson, der mit Frau Gall (Frankreich) und Herrn Britt (Großbritannien) wegen eines abgestimmten Vorgehens gegen einen Kunden berät, mit dem offenbar Nazi-Deutschland gemeint ist. Svendson beharrt auf seinem Geschäft mit dem Eisen. Doch je stärker der Kunde durch das Eisen wird, desto weniger bekommt Svendson: Letztlich betreibt er durch seine Geschäftemacherei nur seinen eigenen geschäftlichen und persönlichen Untergang. Svendsons Einstellung entspricht weitgehend der Haltung der Mutter Courage, die der Illusion erliegt, sich und ihre Kinder mit Gewinn durch den Krieg bringen zu können.

Was kostet das Eisen?

Die weltanschauliche Prägung des Stücks: Brechts Kommunismus

Das Stück *Mutter Courage und ihre Kinder* kann nur angemessen interpretiert werden, wenn man die dahinterstehende kommunistische Ideologie Bertolt Brechts kennt und versteht. Mitte des 19. Jahrhunderts war der Kommunismus durch die Werke von Karl Marx und Friedrich Engels geformt worden. Sozialer Hintergrund war die rasant verlaufende Industrialisierung in England und Teilen Mitteleuropas. Die Geschichte, so Marx und Engels, zeichne sich durch eine Aufeinanderfolge gesellschaftlicher Formationen und Klassenkämpfe aus. So wie die feudale (Adels-)gesellschaft in der Französischen Revolution revolutionär vom besitzenden Bürgertum gestürzt wurde, so sei es nun die Aufgabe der Arbeiterschaft (des Proletariats), die besitzende Bourgeoisie (die Unternehmer und Kapitalisten) zu enteignen und damit zu entmachten. Die auf diese Weise entstehende Gesellschaft werde erstmals frei, gleich und gerecht sein und damit die Geschichte der Klassenkämpfe an ein Ende bringen.

■ Klassenkämpfe und proletarische Revolution

Viele Arbeiterinnen und Arbeiter glaubten den Versprechungen des Kommunismus, eine Revolution werde ihre Not beseitigen. Ein revolutionärer und ein reformerischer Weg des Sozialismus trennten sich endgültig im Ersten Weltkrieg. Mit der russischen Oktoberrevolution 1917 wurde Brecht und vielen seiner politisch aktiven Zeitgenossinnen und Zeitgenossen deutlich, dass die Verwirklichung einer kommunistischen Gesellschaft kein Traum bleiben musste. Die Weimarer Republik entwickelte sich aber in eine entschieden kapitalistische, westlich-parlamentarische Richtung und löste das Grundproblem der Ausbeutung nicht. Als Brecht 1933 emigrierte, war diese Frage jedoch von der Konfrontation der republikanischen Parteien mit dem Nationalsozialismus überlagert worden.

Traum einer kommunistischen Gesellschaftsordnung

Die Entstehung von Kriegen wird in der *Courage* kommunistisch erklärt. Kapitalistische Staaten gerieten laut kommunistischer Lehre im Wettlauf um Rohstoffe, Absatzmärkte und Macht in einen Gegensatz zueinander, der in den imperialistischen Konkurrenzkampf um Kolonien und schließlich in imperialistische Kriege (wie den Ersten Weltkrieg) münde. Bei Brecht erscheint im Dreißigjährigen Krieg vor allem Schweden als eine solche imperialistische Macht. Zudem lässt Brecht aber keine Gelegenheit aus, den Dreißigjährigen Krieg als ein jeglicher Kontrolle entzogenes System zu entlarven, das die Menschen – vor allem die für fremde Zwecke Kämpfenden – ausbeutet. »Ja, der Dreißigjährige Krieg ist einer der ersten Riesenkriege, die der Kapitalismus über Europa gebracht hat«.[12]

Kommunistische Imperialismustheorie

Es besteht auch ein enger Zusammenhang zwi-

12 Bertolt Brecht, »Modellbuch *Mutter Courage und ihre Kinder*. Anmerkungen zur Aufführung 1949«, in B. B., *Schriften zum Theater*, Bd. 6: *1947–1956*, Frankfurt a. M. 1964, S. 47–153, hier: S. 152.

Materialismus und Klassenbewusstsein in *Mutter Courage*

schen der Anlage des Stückes und dem Historischen Materialismus, der eine der wichtigsten philosophischen Grundlagen des Kommunismus ist. Das »Sein« – die ökonomischen und sozialen Lebensumstände, auch und vor allem der Mangel und Hunger – bestimmten das »Bewusstsein«, und damit das, was Marx als »Überbau« bezeichnet, also alle Erscheinungsformen von Kultur, Religion, Politik, Ideologie. Der Kommunismus fordert die Arbeiterinnen und Arbeiter auf, ein ihrer Klassenlage als ausgebeutetes Proletariat angemessenes Klassenbewusstsein zu entwickeln – und nicht auf die Angebote des Kapitalismus (wie zum Beispiel den Nationalismus oder den Glauben) hereinzufallen. Die Figur der Mutter Courage wird sich jedoch ihrer Zugehörigkeit zur ausgebeuteten Klasse während des ganzen Stückes niemals bewusst. »Dem Stückeschreiber obliegt es nicht«, so Brecht später, »die Courage am Ende sehend zu machen [...] ihm kommt es darauf an, daß der Zuschauer sieht.«[13]

13 Zit. nach: Knopf (s. Anm. 7), S. 189.

6. Interpretationsansätze

Der Krieg

Bertolt Brecht stellt in *Mutter Courage und ihre Kinder* den Krieg aus der Sicht der vom Krieg Ausgebeuteten dar. Das Personenverzeichnis umfasst neben der Familie der Courage und einer Bauernfamilie hauptsächlich einige höhere, aber mehr niedere Armeeangehörige, die sowohl den Kampftruppen angehören (Feldhauptmann, Obrist, Feldwebel, Werber, Fähnrich, einfache Soldaten) als auch in Sonderfunktionen im Tross tätig sind (Koch und Feldprediger, Schreiber). Das Personenverzeichnis bietet aus Brechts Sicht ein ehrliches Abbild der ›Lagergesellschaft‹, nämlich eine Übertragung einer ungleichen, ungerechten Klassengesellschaft aus Friedenszeiten in den Kriegsmodus.

■ Kriegsgeschichte ›von unten‹

Die Kriegsgeschichte ›von unten‹ verstößt absichtlich gegen die Konventionen, in denen zur Zeit Brechts von Kriegsgeschehen erzählt und berichtet wurde. Der Historismus, eine geistige Strömung, welche die Geschichte als einmalige, ohne Gesetzmäßigkeiten verlaufende Folge von Ereignissen in den Vordergrund stellte, prägte immer noch das Geschichtsbewusstsein in Deutschland. In einer volkstümlichen Variante können die historistischen Überzeugungen in dem Satz auf den Punkt gebracht werden: ›Große Männer machen die Geschichte‹. Dem ›Fußvolk‹ ist dabei lediglich die Rolle des Erfüllungsgehilfen zugedacht.

■ Anti-Historismus

Ironische Brechungen historistischer Kriegsdeutung im 6. Bild

Brecht bricht diese Vorstellung im Dramentext ironisch. So ereignet sich am Rande von Bild 6 das Begräbnis des kaiserlichen Feldhauptmanns Tilly, ein in der katholisch-bayerischen Tradition gerne legendenhaft ausgeschmücktes Ereignis. Hier läuft es aber nur wie nebenbei im Hintergrund ab. Die Aufmerksamkeit ist bei der Alltagsbewältigung des einfachen Volks, hier bei der Familie Courage, die Inventur macht. Antithetisch werden die große Geschichte und die kleinen Verrichtungen gegenübergestellt: »Schad um den Feldhauptmann – zweiundzwanzig Paar von die Socken –, daß er gefalln ist, heißt es, war ein Unglücksfall.« (S. 64) In feiner Ironie wird der Vorwurf geäußert, die Großen des Krieges ließen in der Regel die Kleinen für sich sterben: »Der Feldhauptmann hat noch einem Regiment zugerufen, sie solln todesmutig kämpfen, und ist zurückgeritten« (S. 64).

Spott über »Feldherrenruhm«

Die Entlarvung des ›großen Mannes der Geschichte‹ besteht jedoch in erster Linie darin, dass sein Einfluss auf die Geschichte überhaupt bestritten wird. Eigentlich ist auch er ein Rädchen, welches das System Krieg am Laufen hält und die herrschenden sozialen und wirtschaftlichen Abhängigkeitsverhältnisse stabilisiert. Mit der kommunistischen Ideologie Brechts gesprochen, sind die Träume von Waffenglück und Nachruhm des Feldherrn nur Teil eines »Überbaus«: »und kriegt ein Standbild, zum Beispiel er erobert die Welt, das ist ein großes Ziel für einen Feldhauptmann, er weiß es nicht besser« (S. 65). Es wirkt zusätzlich demütigend und den ›Großen der Geschichte‹ verkleinernd, wenn er an dieser Stelle von der Courage bemitleidet wird. Die verfremdende Zuspitzung soll den Zuschauerinnen und Zuschauern die Augen öffnen, dass ein Kriegsherr die Untergebenen für seine eigennützigen Zwecke vor seinen Karren spannt: »Kurz, er rackert sich ab, und dann scheiterts am gemeinen Volk« (S. 65).

Das 6. Bild endet mit der Einschärfung einer Lehre darüber, wie die Geschichte gemäß dem Historischen Materialismus von den Lebensverhältnissen des eigentlichen historischen Subjekts, des arbeitenden Volkes her konzipiert werden müsse. »Jetzt begraben sie den Feldhauptmann. Das ist ein historischer Augenblick« (S. 74), kommentiert der Feldprediger die sich im Hintergrund abspielende Zeremonie. Die Courage kontert messerscharf: »Mir ist ein historischer Augenblick, daß sie meiner Tochter übers Aug geschlagen haben.« (S. 74)

Große versus kleine Geschichte

Brecht wirbt für ein gemeinsames Klassenbewusstsein der vom Krieg Vergewaltigten, ohne es zur Darstellung zu bringen. Er lässt zwar immer wieder richtige Einsichten bei seinen Figuren wachsen, doch sie bringen es nicht zu einer gemeinsamen revolutionären Tat, zu einem den kriegerischen Teufelskreis durchbrechenden Verhalten. Sie alle – in erster Linie natürlich die Courage selbst – akzeptieren den Krieg trotz mancher hinterfragender Reden fälschlicherweise als ihre unabänderliche Lebensbedingung. Im Krieg legen sich die Figuren neue Lebensentwürfe zu,

Brechts Lehren über den Krieg

suchen nach einem für sie gangbaren ›Weg durch den Krieg‹: Die Courage betreibt ihre Geschäfte, der Koch und der Feldprediger wollen ihr Stück von diesem Kuchen, Yvette Pottier ist immer auf der Suche nach einem Ernährer usw.

Paradoxale Sinngebungsstrukturen

Die Entwöhnung von der ehemaligen Normalität des Friedens bringt die seltsamsten Kriegs- und Selbstdeutungen hervor, durch die der sinnloseste Krieg doch noch Sinn ergeben, die geschundenste Existenz doch noch zum Glück gelangen soll. Diese paradoxalen Sinngebungsstrukturen werden bereits im einleitenden Gespräch zwischen dem Feldwebel und dem Werber im 1. Bild von Brecht drastisch zur Darstellung gebracht, wenn der Feldwebel den Krieg lobpreist, durch den endlich effiziente Verwaltungsarbeit ermöglicht werde (S. 7 f.), und sie gewinnen im Laufe des Stücks leitmotivischen Charakter. Eine paradoxale Konzeption von Krieg und Frieden findet sich bis ins 8. Bild, als die (sich als falsch erweisende) Friedenskunde erschallt: »Sagen Sie mir nicht, daß Friede ausgebrochen ist« (S. 77). Die Courage klagt: »Der Friede bricht mirn Hals.« (S. 79) Die Gewöhnung an den Krieg und ihren eigenen Weg darin lässt vermeintlich kein anderes Verhalten zu, als dem Krieg zu folgen und dadurch ihren Beitrag zu seiner Verlängerung zu leisten. Die Courage »glaubt an den Krieg bis zuletzt«, so Brecht, weil sie etwas Zentrales erkannt hat: »das rein merkantile Wesen des Kriegs«.[14] Ihr geht

14 Notate Brechts zur Aufführung Berlin 1949, zit. nach: Müller (s. Anm. 8), S. 68.

hingegen nicht auf, dass sie sich nicht mit den Betreibern des Krieges messen kann und in ihrer Klassenlage immer Ausgebeutete des Krieges bleiben wird: »Wer mitn Teufel frühstücken will, muß ein langen Löffel haben!« (S. 82), mahnt der Feldprediger sie zur Vorsicht vor einer zu engen Verstrickung in den teuflischen Krieg.

Der Feldprediger hat sich so weitgehend daran gewöhnt, nichts gegen den Krieg ausrichten zu können, den die Obrigkeit immer weiter befeuert, dass er ihm im 6. Bild ein Eigenleben zuschreibt. Auch hier soll das Publikum für sich ein Gegenbild des grausamen Krieges, der von den Figuren gemacht und damit beendbar ist, entwickeln, und das Absurde der Bildhaftigkeit, in welcher der Feldprediger spricht und welche sein Mitleid, seine Sorge um den Krieg suggeriert, erkennen: »Der Krieg kann sich verschnaufen müssen, ja, er kann sogar sozusagen verunglücken«, aber da die Mächtigen ihm schon zu Hilfe kommen würden »in seiner Not«, habe er »im ganzen nix Ernstliches zu fürchten, und ein langes Leben liegt vor ihm« (S. 66). Eindringlich ist auch sein Bild vom Krieg als Käse, in den der Frieden immer mehr Löcher fresse (S. 67).

■ Verkehrende Bildsprache

Diese paradoxalen Strukturen, mit denen Brecht sein Stück durchzieht, stellen sich in die literarische Tradition Grimmelshausens: Das Gewöhnliche wird in sein Gegenteil umgekehrt. Im Barock ist es der Topos der (gegenüber der göttlichen Welt) verkehrten Welt, der auf Erden unter den Menschen nicht ver-

■ Bezug zum barocken Topos der verkehrten Welt

wirklichten Weltordnung, in der *Mutter Courage* die neue Normalität des Krieges, die sich alter sozialer Werte entledigt. Schon im 1. Bild wird diese Technik der Umkehrung etabliert und lässt die Zuschauerinnen und Zuschauer in äußerster Verblüffung zurück: »Es ist gegen uns gesagt worden, daß es fromm zugeht im schwedischen Lager«, so der Werber, »aber das ist üble Nachred, damit man uns schadet.« (S. 15)

Redensartliche Wendungen

Brechts Kunst zeigt sich besonders, wenn diese inhaltliche Umwertung mit einer sprachlichen Prägnanz einhergeht, welche die Qualität eingängiger Redensarten annimmt: »Weil ich ihm nicht trau, wir sind befreundet.« (S. 30), »Die Ehr ist verloren, aber nix sonst.« (S. 40), »sogar der Unschuldige kann durchkommen vor Gericht« (S. 51), »Helden gibts immer« (S. 66) und natürlich die berühmte sprachliche Umwertung dank Doppelpunkt im »Lied von der großen Kapitulation«: »Der Mensch denkt: Gott lenkt.« (S. 59) Der Umkehrung von Krieg und Frieden entspricht also im Ganzen eine auf den Kopf gestellte Sprache.

Verfremdungseffekt als dialektischer Dreischritt

Diese Paradoxien sind Spielarten des Kunstgriffs der Verfremdung, der einen zentralen Stellenwert in Brechts Theorie des epischen Theaters einnimmt. Grundlage dafür ist die Annahme, dass wir die meisten bekannten Dinge als gegeben hinnähmen und sie deshalb nicht weiter hinterfragten. Durch einen dialektischen Dreischritt (These – Antithese – Synthese) will Brecht die Zuschauerinnen und Zuschauer zu einem wirklichen Verstehen bringen: Zuerst haben wir naiverweise geglaubt, wir verstünden, erfahren dann aber durch einen plötzlichen Schock Fremdheit und Nichtverstehen. Durch kritischen Vergleich beider Haltungen oder Erfahrungen erlangen wir eine höhere Einsicht: »Häufung der Unverständlichkeiten, bis Verständnis eintritt«[15], wie Brecht schreibt.

Im Umfeld dieser Kriegsdeutungen, die vorgeben, ›dem Volk aufs Maul zu schauen‹, erscheinen die Argumente der zeitgenössischen Kriegspropaganda nicht weniger absurd. Im 2. Bild darf sich Eilif, der ältere Sohn der Courage, an der Speisetafel zur Rechten des schwedischen Feldhauptmanns setzen, weil er dessen Zuneigung erworben hat. Die Rede des Feldhauptmanns ist voller propagandistischer Floskeln: »Denn du hast eine Heldentat vollbracht, als frommer Streiter, und für Gott getan, was du getan hast, in einem Glaubenskrieg« (S. 22). Wie wir in der Folge erfahren, ist das, was Eilif getan hat, der selbst vom »Bauernschinden« (S. 22) spricht, alles andere als ruhmeswürdig, vielmehr hat er Soldaten zum Raub von 20 Rindern angestiftet und dabei eine Gruppe Bauern niedergeschlagen. Brecht persifliert hier die nationalprotestantische Tradition, die von der engen, idealen Bindung von gläubigen Soldaten und evangelischem Volk an den Schwedenkönig Gustav II. Adolf ausging (S. 22).

■ Analyse der religiösen Kriegslegitimation

15 Bertolt Brecht, »Neue Technik der Schauspielkunst«, in: *Gesammelte Werke in 20 Bänden* (edition suhrkamp Werkausgabe), hrsg. vom Suhrkamp Verlag in Zusammenarbeit mit Elisabeth Hauptmann, Bd. 15, Frankfurt a. M. 1967, S. 337–388, hier S. 360, zit. nach: Grimm (Anm. 2), S. 21.

Diskurs über die Kriegsgründe

Im folgenden 3. Bild wird der Topos vom Dreißigjährigen Krieg als Glaubenskrieg bereits völlig dekonstruiert, die Religion als ernst zu nehmender Kriegsgrund in jeder Beziehung negiert. Die anfängliche Versicherung des Feldpredigers »Es ist ein Glaubenskrieg« (S. 34) wird bereits in der unmittelbaren Reaktion des Kochs in Zweifel gezogen. Auf den Punkt wird diese Einsicht von der glaubenslosen Courage gebracht: »Wenn man die Großkopfigen reden hört, führens die Krieg nur aus Gottesfurcht und für alles, was gut und schön ist. Aber wenn man genauer hinsieht, sinds nicht so blöd, sondern führen den Krieg für Gewinn.« (S. 36) Die Regieanweisung, die Courage solle dies »[e]rnsthaft« (S. 36) sprechen, schreibt ihrer Äußerung eine besondere Eindringlichkeit zu.

Widerlegung der These vom Glaubenskrieg in der Figur des Feldpredigers

Als die Kaiserlichen das schwedische Lager erstürmt haben, ändern sich auch die Lebensbedingungen des Feldpredigers schlagartig und damit auch seine Einstellung zum Glauben. Seinen geistlichen Rock will er loswerden, einen Mantel überziehen, sogar die eingekaufte katholische Flagge zieht er, wenn auch »bitter« (S. 44), mit einem katholischen Sprüchlein auf. Die religiösen Versicherungen sind nichts mehr wert und unterliegen der Schlagfertigkeit der Courage: »Wir sind eben jetzt in Gottes Hand« – »Ich glaub nicht, daß wir schon so verloren sind« (S. 40). Am Ende des Bildes ist der eben noch so stolze und glaubensfeste Gottesmann völlig in den Familienbetrieb der Courage aufgegangen, der ihm ein Auskommen sichert.

Marxistische Religionskritik

In der kommunistischen Ideologie gilt die Religion als ein Herrschaftsmittel, mit dem die dauerhafte Verblendung des Volkes sichergestellt wird, damit es nicht gegen die sozialen und wirtschaftlichen Zustände rebelliert. Die Zuschauerinnen und Zuschauer werden zur Entlarvung dieser Herrschaftsstruktur aufgefordert, sollen sich ihre durch materielle Not bestimmte Klassenlage bewusst machen: »Die pfeifen dir aufn Glauben. Denen ist der Hof hin.« (S. 62) Mit dem gewandelten Feldprediger, der gelernt hat, welchen Weg durch den Krieg er zu gehen hat, steht Brecht eine Figur zur Verfügung, die die propagandistische Funktion der Kirche für weltliche Zwecke aus eigener Erfahrung erklären kann: »Ich predig, daß Ihnen Hören und Sehen vergeht.« (S. 71). Religion macht also taub und blind – für die gesellschaftliche Wirklichkeit und die eigene Ausbeutung.

Es ist wahrscheinlich, dass Brecht hier auch an die NS-Propaganda in Film und Rundfunk dachte. Man muss berücksichtigen, dass der Nationalsozialismus in der kommunistischen Ideologie lediglich als neue Maskierung von Kapitalismus und Imperialismus galt, Letztere also getroffen werden mussten, um Ersteren zu schlagen. Immerhin werden die im Jahre 1938 höchst gegenwärtigen Kriegsgründe des nationalsozialistischen Einmarsches in die Tschechoslowakei entlarvend gespiegelt (S. 35).

Bezüge zur aggressiven nationalsozialistischen Außenpolitik

Zu einer Kriegsgeschichte ›von unten‹ gehört auch und vor allem das Schicksal der Soldaten. Als ihr Weg durch den Krieg gelten im militärischen Selbstver-

Kritik am soldatischen Kodex

ständnis die soldatischen Tugenden, der Todesmut und der Erwerb von Kriegsruhm. Brecht hatte die Krise dieser Legitimationsstrukturen bereits als Zeitzeuge des Ersten Weltkriegs erlebt. In der *Mutter Courage* entlarvt er alle gängigen Sinngebungsversuche für das Kämpfen und Sterben als ebenfalls zum ›Überbau‹ gehörig.

Entlarvung der Idee des Heldentums im 4. Bild

Bei Brecht stoßen sich nämlich die einfachen Soldaten nur ihre Köpfe blutig, wenn sie eine echte Anerkennung ihrer Leistungen im Krieg verlangen. Im 4. Bild stürmt ein junger Soldat zum Zelt seines Rittmeisters, weil dieser ihm eine Belohnung für eine besondere Heldentat unterschlagen habe. Er handelt aus moralisch einwandfreien Antrieben: »ich vertrag keine Ungerechtigkeit« (S. 57). Trotz seiner rasenden Wut akzeptiert er die Distanz, die untergeordnete Stellung zu seinem Vorgesetzten und den in der Folge von ihm erwarteten Gehorsam, den auch der Schreiber des Rittmeisters von ihm fordert (S. 58). Mutter Courage frustriert den jungen Soldaten, indem sie ihn diesen Gehorsam gewahr werden lässt: »Hinsetzen! und schon sitzen wir. Und im Sitzen gibts kein Aufruhr.« (S. 58) Die Courage bringt konsequenterweise nur zum Ausdruck, dass sich der junge Soldat zunächst seiner Klassenlage als Ausgebeuteter des Krieges bewusst werden müsse, bevor er etwas verändern könne: »Ich sag nur, Ihre Wut ist nicht lang genug, mit der können Sie nix ausrichten, schad. Wenn Sie eine lange hätten, möcht ich Sie noch aufhetzen.« (S. 57) Der Soldat stößt sich nur an einem singulären

Ereignis, statt die Machtstrukturen, das System des Krieges zu reflektieren.

Der im 4. Bild angesprochene Rittmeister ist ein Beispiel für die Figurengruppe der Befehlshaber, die in *Mutter Courage* bei näherer Betrachtung »sehr konsequent als feige, undankbar, rücksichtslos und verschwenderisch«[16] dargestellt wird: »Der verhurt mein Trinkgeld, und ich hab Hunger« (S. 56), beschwert sich der junge Soldat über ihn. Schweizerkas wird für den Raub der Kasse mit dem Tode bestraft, obwohl es seinen Vorgesetzten zweifelsohne möglich gewesen wäre, den Irrtum aufzuklären (3. Bild). In der Hierarchie der Lagergesellschaft haben die ausgebeuteten Unteroffiziere Menschen gefunden, die immer noch unter ihnen stehen und die sie ihrerseits ausbeuten können. Das gesamte Heer entspricht in seiner Untugend, Ungerechtigkeit und Untreue dem barocken Topos der verkehrten Welt – doch nicht als Degeneration, sondern als ihm eingeschriebenes Strukturmerkmal, entsprechend einer auf dem Kopf stehenden Gesellschaft, in der nicht diejenigen herrschen, die die Drecksarbeit verrichten.

■ Strukturen von Ausbeutung und Selbstausbeutung in der Lagergesellschaft

Auf die Versprechungen, im Krieg könne man sich beweisen und Ruhm erwerben, fällt in erster Linie Eilif herein, der älteste Sohn der Courage. Im 1. Bild überzeugt er den Werber offenbar durch seine Aggressivität davon, zum Soldaten geeignet zu sein.

■ Das Schicksal Eilifs

16 Ana Kugli, »Mutter Courage und ihre Kinder«, in: *Brecht-Handbuch in fünf Bänden*, hrsg. von Jan Knopf, Bd. 1: *Stücke*, Stuttgart 2001, S. 383–401, hier S. 389.

Dieser schmeichelt ihm, woraufhin er seine anfängliche Skepsis gegen das Soldatentum überwindet: »Ich möchts schon werden, Mutter.« (S. 15) Im 2. Bild hat sich Eilif mit Skrupellosigkeit die besondere Zuneigung des Feldhauptmannes erworben. Durch neue Schmeichelei (»In dir steckt ein junger Cäsar.« [S. 25]) wird Eilif weiter im Glauben bestärkt, im Krieg gebe es für den gemeinen Soldaten etwas zu gewinnen. Währenddessen dekonstruiert die Courage auf der anderen Seite der Doppelszene das militärische Dogma, im Krieg brauche es vor allem furchtlose einfache Soldaten: »Wenn er einen guten Feldzugsplan machen könnt, wozu bräucht er da so mutige Soldaten?« (S. 15)

Im 8. Bild zieht sich die Schlinge um Eilifs Hals zusammen. Er ist bei einem Bauern eingebrochen und hat dessen Frau getötet. Es bringt ihm nichts zu beteuern: »Ich hab nix andres gemacht als vorher auch« (S. 87), denn er beging die Gewalttat, als gerade von irgendwoher der Frieden ausgerufen worden war. Eilif hatte nie zu denen aufsteigen können, die darüber befinden, was wem zu einem gegebenen Zeitpunkt erlaubt oder verboten ist. Was eben noch Heldentum war, kann jetzt schon strafwürdiges Verhalten sein. Verantwortlich ist auch hier wieder die Klassenlage. Wie intelligent man ist, ist belanglos (S. 87). Eilif muss sterben – wie die beiden anderen Kinder der Mutter Courage auch.

■ Wertlosigkeit von Tugenden gegenüber der Klassenlage

Die Familie

Das Drama *Mutter Courage und ihre Kinder* ist ein Lehrstück über das Wesen des Krieges – doch in dieses eingewoben ist die Tragödie der Zerstörungsgeschichte einer Familie. Trotz aller Distanz zwischen den Figuren und dem Publikum im epischen Theater: Im Endeffekt wird *auch* durch das Mitleiden der Erkenntnisprozess der größeren strukturellen Zusammenhänge angestoßen und begleitet. Am Ende des Stückes ist das Publikum aufgefordert, Bilanz zu ziehen, welche Hoffnungen auf den Krieg sich erfüllt haben und welche nicht. Sie müssen dabei zum Ergebnis kommen, dass nichts – nicht die Familie als Verbund und nicht einmal das Leben aller ihrer Mitglieder – übriggeblieben ist.

■ Bezug der Familiengeschichte zum Gehalt des Werkes

Brecht findet am Anfang und am Ende des Stückes je ein starkes Bild für die funktionierende und die aufgelöste Familie, mit dem ikonischen Planwagen der Courage im Zentrum. Im 1. Bild rollt der Planwagen auf den Feldwebel und den Werber zu. Die beiden jungen Männer, Eilif und Schweizerkas, ziehen ihn, auf ihm sitzen Mutter Courage und ihre stumme Tochter Kattrin (S. 8). Dazu ertönen die fröhlichen Klänge einer Maultrommel. Die Familienstruktur, selbst und gerade in ihrer Heterogenität, wie die Courage sie gleich darauf erklärt (S. 10 f.), ist intakt. Im 12. Bild, alle Kinder sind gestorben, ist Mutter Courage allein, »spannt sich vor den Wagen« und »zieht an« (S. 107). Die Militärmaschinerie übt, anders als im

■ Die Familie im 1. und 12. Bild

1. Bild, einen unwiderstehlichen Sog aus. Anders als die Zuschauerinnen und Zuschauer, die sich, wie Brecht im *Courage-Modell* schreibt, an die Situation im 1. Bild erinnern sollen,[17] reflektiert die Courage nicht die eingetretene familiäre Katastrophe, erkennt auch nicht ihre Lage und was zu ihr geführt hat: »Ich muß wieder in'n Handel kommen. [...] Nehmts mich mit!« (S. 107) Offenbar sollen die Zuschauerinnen und Zuschauer antizipieren, dass die einzelne alte Frau in Zukunft erst recht unter die Räder des Krieges geraten wird.

Mutter Courage, obwohl sie um den Krieg als die materielle Grundlage ihres Lebens weiß, ahnt nicht, dass er dadurch alle anderen Lebensbereiche und -bestandteile verschlingen wird, auch ihre Kinder. Die Strategie, die Kinder aus dem Krieg herauszuhalten, ist zum Scheitern verurteilt, kann sie doch schon allein wegen des für den Lebensunterhalt erforderlichen Geschäftseifers nicht garantieren, stets schützend für sie da zu sein. Der Hauptteil der Zerstörung dieses Selbstbetrugs geschieht bereits im 1. Bild. Die Mutter deutet allen drei Kindern den Tod voraus. Dies verschafft ihr Gelegenheit, an ihre Kinder zu appellieren, niemals ihre Eigenschaften (Klugheit, Ehrlichkeit, Stummsein) abzulegen, mittels derer sie doch überleben würden. Ironischerweise sind es später dann gerade diese Eigenschaften, die sich als wertlos erweisen bzw. die sich katastrophal auswirken.

Der Selbstbetrug der Courage

17 Brecht (s. Anm. 12), S. 133.

Das Publikum wird vom Feldwebel gleich doppelt auf das Leitmotiv aufmerksam gemacht, die Mutter- werde in der Folge der Händlerrolle unterliegen: »Du willst vom Krieg leben, aber dich und die Deinen willst du draußen halten, wie?« (S. 19) ... »Will vom Krieg leben / Wird ihm wohl müssen auch was geben.« (S. 19)

Zersetzung der Familie vom 1. bis zum 12. Bild

Durch die Anwerbung Eilifs wird die Familie bereits im 1. Bild gesprengt, wie sich symbolisch zum Schluss des Bildes im anfahrenden Planwagen ausdrückt, der nur mehr von Schweizerkas und Kattrin gezogen werden kann: »Die beiden, Bruder und Schwester, spannen sich vor den Wagen und ziehen an. Mutter Courage geht nebenher. Der Wagen rollt weiter.« (S. 19) Die Warnungen vor dem Krieg und Ermahnungen zu richtigem Handeln, die Mutter Courage jetzt noch ihren beiden bei ihr verbliebenen Kindern aufsagt (S. 42), zeugen von ihrem ungebrochenen mütterlichen Drang, ihre Kinder zu schützen, klingen für die Zuschauerinnen und Zuschauer aber bereits hohl. Denn immer wenn der Handel ruft, gerät die Mutterschaft ins Hintertreffen. Ihr werden immer dann die Kinder genommen, wenn sie mit Geschäftsdingen beschäftigt und geistig bzw. räumlich nicht bei ihnen ist. Ein letztes Mal weist der Bauer Mutter Courage, als diese bereits bei der Leiche Kattrins sitzt, auf ihre Verletzung der Mutterpflichten und damit den Grundwiderspruch ihrer Existenz hin: »Wenns nicht in die Stadt gegangen wären, Ihren Schnitt machen, wärs vielleicht nicht passiert.« (S. 107)

Die Schuld der Courage am Tod ihrer Kinder

Der dramatischen Anlage eingeschrieben ist eine Schuld der Hauptfigur am Tod ihrer Kinder. Nicht nur hätte sie zu jedem gegebenen Zeitpunkt der Handlung andere Entscheidungen treffen, sondern auch ihre Unfähigkeit erkennen können, den Krieg für sie und ihre Schützlinge beherrschbar zu machen. Ja, sie hätte sogar denselben Erkenntnisprozess wie die Zuschauerinnen und Zuschauer durchlaufen und eine Einsicht in die materialistische Basis des Geschichtsprozesses, die strukturelle Ausbeutung der breiten Bevölkerung durch die Obrigkeit, wie sie für Kriege charakteristisch ist, gewinnen können.

Kontroverse um Züricher Uraufführung

In der zeitgenössischen Rezeption drängte sich aber noch eine andere Deutung auf, die auf die Entwicklung des Dramentextes, wie er heute vorliegt, zurückwirkte. Am 19. April 1941 fand am Züricher Schauspielhaus die Uraufführung statt, die – zum Teil wegen einer großartigen Therese Giehse in der Titelrolle – auch von Brecht selbst begrüßt und gelobt wurde. Die Theaterkritiken zeugen allerdings von größeren Missverständnissen: Die Courage wird zur Vorbildfigur stilisiert, ihre Mütterlichkeit, Menschlichkeit und Tapferkeit werden übertrieben: »[F]ür die Zeichnung dieser starken Frauenfigur dürfen alle Frauen Bert Brecht dankbar sein!«[18] Diese frühen Interpreten schrieben der Hauptfigur eine persönliche Größe in schwerer Zeit zu, der sie schicksalhaft ausgesetzt war, und spiegelten darin ihre Selbstveror-

18 Elisabeth Thommen, »Eine Uraufführung von Bertolt Brecht«, zit. nach: Müller (s. Anm. 8), S. 59.

tung als Menschen, die unter dem Zweiten Weltkrieg passiv litten. Sie wollten nichts von der Weltsicht Brechts wissen, der unter den Vorzeichen kommunistischer Ideologie immer von einer Veränderbarkeit der Zustände durch sich wandelndes Bewusstsein ausgegangen war.

Nach den Erfahrungen der Züricher Uraufführung und ihrer Besprechung beschloss Brecht, den Charakter der Mutter Courage zu vereindeutigen und entschiedener ins Negative zu wenden. Der »bürgerlichen Presse« der Schweiz, so Brecht später, war es 1941 durch die Zeitumstände ermöglicht worden, »von einer Niobetragödie und von der erschütternden Lebenskraft des Muttertiers zu sprechen«.[19] Während die Formulierung vom »Muttertier« einer zeitgenössischen Rezension des Brecht-Kenners Bernhard Diebold entstammte, lässt sich die »Niobe« für keine der auffindbaren Theaterkritiken, wohl aber für einige Entwürfe Brechts nachweisen. Niobe ist der Prototyp der leidenden Mutter aus der griechischen Mythologie, deren 14 Kinder von Apoll und Artemis getötet wurden, worauf sie sich aus Schmerz in Stein verwandelte.

Die Deutung als »Niobetragödie«

Eine Courage-Deutung nach Art der griechischen Tragödie wollte Brecht durch einige Veränderungen des Textes für die Zukunft erschweren. Die größte Veränderung erfuhr das 5. Bild:[20] Der Feldprediger

Neubearbeitung des 5. Bildes

19 Siehe dazu Knopf (s. Anm. 7), S. 188.

20 Die ursprüngliche Version findet sich u. a. in Bertolt Brecht, *Gesammelte Werke in 20 Bänden*, hrsg. vom Suhrkamp

verlangt hier von der Courage, die teuren Offiziershemden als Verbandsmaterial zur Verfügung zu stellen, um den verletzten Bauersleuten zu helfen. In der ursprünglichen Fassung strukturiert die Diskrepanz zwischen Reden und Handeln der Courage die Situation. Sie beklagt ihren Ruin, zerreißt aber sogar eigenhändig ihre Hemden. Auch sorgt sie sich um das Schicksal des im brennenden Bauernhaus verbliebenen Kleinkindes: »Holt das Kind heraus.«[21] In der Neubearbeitung will sie nur verhindern, dass sich ihre Tochter in Gefahr begibt: »Haltet sie zurück, das Dach kann einfallen.« (S. 62) Vor allem aber wird ihr Wille, nicht zu helfen, von ihren Begleitern gewaltsam gebrochen. Kattrin greift eine Holzplanke und bedroht ihre Mutter damit – die spannendste Zuspitzung des familiären Konflikts im ganzen Stück. Die anschließende Überwältigung der Courage schafft einen ganz anderen Eindruck als die alte Version, in der es so erscheinen konnte, als habe sie eigentlich ein weiches Herz.

Betont wird seit der Überarbeitung also das Versagen der Courage als Mutter, ja ihr Verrat an der Mutterrolle. »Mutter und Courage sind unvereinbare, letztlich vernichtende Gegensätze.«[22] Langfristig kann der am Übergang zwischen Bild 6 und 7 durch die

Verlag in Zusammenarbeit mit Elisabeth Hauptmann, Bd. 2: *Stücke* 2, Frankfurt a. M. 1967, Anmerkungen zu *Mutter Courage und ihre Kinder*, S. 1440–1442.

21 Ebd.

22 Jörg-Wilhelm Joost, zit. nach Kugli (s. Anm. 16), S. 395.

Misshandlung Kattrins ausgelöste Zweifel der Courage am Krieg – »Der Krieg soll verflucht sein« (S. 74) – ihre Denk- und Handlungsweise nicht verändern. Brecht stellt dem 7. Bild nicht umsonst das Titularium voran: »Mutter Courage auf der Höhe ihrer geschäftlichen Laufbahn.« (S. 75) Dieser Satz ist als Begründung für die folgende Äußerung der Courage zu lesen: »Ich laß mir den Krieg von euch nicht madig machen.« (S. 75) Der gewachsene materielle Wohlstand verändert wieder die Lebensbedingungen und damit ihr Selbstbild und ihre Rechtfertigungsideologie. Es wird also kein Erkenntnisprozess angestoßen, sondern bloß an der Oberfläche gekratzt: Die Courage macht nur den Krieg für die Sprengung ihrer Familie verantwortlich (S. 74), nicht aber den Kapitalismus, dem dieser Krieg entspringt. Die Einsicht in ihre Klassenlage erlangt sie nicht.

Ausbleibende Erkenntnis von der eigenen Klassenlage

Letztlich findet jede literarische Charakterisierung der Courage ihre Grenzen in ihrer festen Rolle im sozio-ökonomischen Geflecht, die Brecht ihr zuschreibt. Gearbeitet werden könnte hier mit dem Begriff der »Charaktermaske«,[23] mit dem Marx im *Kapital* die strukturelle Determination individueller Akteure bezeichnet: »[E]s handelt sich hier um die Personen nur, soweit sie die Personifikation ökonomischer Kategorien sind, Träger von bestimmten

Die Courage als »Charaktermaske«

23 Karl Marx, *Das Kapital. Kritik der politischen Ökonomie*, Erster Band, 4. Aufl, hrsg. von Friedrich Engels (1890), in: *MEGA*², Bd. II/10. Berlin: 1991, S. 83.

Klassenverhältnissen und Interessen.«[24] ›Persönliche‹ Eigenschaften seien demgegenüber belanglos.

Gegenspieler der familiären Gruppe um die Muttergestalt wäre in dieser Lesart also kein bestimmter Protagonist, sondern »ein Kräftefeld gesellschaftlich-geschichtlicher Mächte«.[25] Gilt die Thematisierung dieser als die Idealform von Brechts Theater, so sind sie in diesem Stück nur mit Einschränkungen die Antagonisten der Courage. Denn der gewinnorientierten ›Kleinbürgerin‹ Courage wird von Brecht *auch* die stumme Kattrin gegenübergestellt, welche die reine Gutherzigkeit und Fürsorge verkörpert. Es gibt in Brechts Gesamtwerk wohl keine rührendere Figur. Dabei beruht ihre Konzeption ursprünglich auf einem theaterpraktischen Kalkül Brechts: Die Figur sollte stumm sein, um Brechts Partnerin Helene Weigel, die des Dänischen und Schwedischen nicht mächtig war, eine Spielmöglichkeit an skandinavischen Theatern zu eröffnen.

■ Die Kattrin als Gegenfigur zur Courage

Der Gegensatz von Geld und Herz strukturiert die Beziehung der Mutter zur Tochter. Das Motiv wird bereits im 1. Bild eingeführt, in dem die Courage die Tugend der Tochter ihr als Mangel erklärt: »Und jetzt bleibst mir nur noch du sicher, du bist selber ein Kreuz: du hast ein gutes Herz.« (S. 17) Die Herzensgüte der Kattrin ist dabei keineswegs als Naivität auszu-

■ Kattrins intelligente Herzensgüte

24 So Karl Marx im Vorwort der ersten Auflage von: *Das Kapital. Kritik der politischen Ökonomie*, Erster Band (1867), in: *MEGA*[2], Bd. II/5, Berlin 1983, S. 14.

25 Grimm (s. Anm. 2), S. 16.

legen, und auch nicht als »spontane, unreflektierte, sozusagen biologische Menschlichkeit«,[26] wie Norbert Mennemeier die Figur deutet. Im Gegenteil ist sie die ahnungsvollste und auch intelligenteste Figur des Stückes. Ganz anders als ihre Mutter ist sie sich in Sorge um ihre Brüder der über die Familie hereinbrechenden Leiden vollkommen bewusst, was sich in emotional äußerst heftigen Reaktionen äußert (S. 18, 43, 68), die in deutlichem Kontrast zur geschäftsmäßigen, zynischen, verblendet-nichtsahnenden Courage stehen.

Kattrin hat Anteil an einer – an *der* – Wahrheit über den Krieg: dass er niemandem nützt und allen nur Verderben bringt. Aus dem Mund der Mutter hört sich dieser Charakterzug so an: »Sie hat Furcht vorm Krieg. Sie verträgts nicht.« (S. 93) Was für eine paradoxale Verkehrung (siehe auch S. 60–62 dieses Lektüreschlüssels) auch hier wieder: Diese für das Publikum normale Sicht der Dinge wird Kattrin in einem Umfeld, in dem jeder durch den Krieg seinen Schnitt machen zu können meint, als abnorm ausgelegt. In einer Beziehung ist sie in der Tat ein »armes Tier« (S. 43, 101), auf das sie von ihrer Umwelt reduziert wird: in ihrem Instinkt. Es ist aber ein Instinkt des Menschen, die instinkthafte Vernunft zum Guten, für die der Krieg nur als asozial, brutal und ausbeuterisch gelten kann. Sie mildert damit die strenge Einfügung des Figurentableaus in die kommunistische Ideologie deut-

Vernunft und Instinkt

26 Zit. nach: Kugli (s. Anm. 16), S. 396.

lich ab und verleiht dem Stück dadurch einen humanistischen Subtext. Kattrin ist keine ›Charaktermaske‹.

In Konkurrenz zur eigenen Mutter steht Kattrin auch hinsichtlich des Kriteriums der Mütterlichkeit. Sie, die keine Mutter ist, wendet sich liebevoll und schützend einem fremden Säugling zu (S. 63); ersatzweise sorgt sie sich auch um jede andere geschundene Kreatur, etwa einen Igel (S. 93). Die »Entbiologisierung der Mutterschaft«,[27] die Pia Kleber darin erkennt, mag zutreffen, wichtiger scheint aber die Inszenierung der Differenz zur Courage zu sein. In deren Mitleid mit der Tochter mischt sich immer auch der Neid, zu solcherlei mütterlichen Regungen nicht fähig zu sein, ja möglicherweise sogar die Häme, ihre Tochter werde es doch nie zu einer richtigen Mutterschaft bringen (S. 63).

■ Bevormundung durch die Mutter

Bei allen vordergründig sinnvollen Ratschlägen, welche die Courage ihrer Tochter zu geben pflegt (S. 33, 42), scheint es doch so, dass sie ihr ein eigenes Glück missgönnen würde. Kattrin wird in einer Abhängigkeit gehalten, für welche die Bevormundung nur eines zweier Mittel ist: Das andere ist die ständige abschätzige Reduzierung auf ihre Behinderung: »Ich weiß, du kannst nicht reden, du bist unschuldig.« (S. 18) »Laß dir Zeit und quatsch nicht, nimm die Händ, ich mag nicht, wenn du wie ein Hund jaulst, was soll der Feldprediger denken?« (S. 44) Als Kattrin

27 Pia Kleber, zit. nach Kugli (s. Anm. 16), S. 396.

im 6. Bild sichtlich verletzt von einem geschäftlichen Auftrag zurückkehrt, sieht die Courage sie recht vorauseilend jeder Zukunftshoffnung beraubt: »Die ist schon halb kaputt, einen Mann kriegt sie nicht mehr« (S. 74).

Treuebeweis des 9. Bildes

Dieser sehr negativen Interpretation des Verhältnisses der Mutter zur Tochter steht vor allem der Treuebeweis im 9. Bild gegenüber: Im vorangegangenen Gespräch mit dem Koch schien sie die Zukunft ihrer Tochter auch gar nicht mehr so schwarz zu malen (S. 92). Dass die Courage hier jedoch nicht plötzlich zu ihrer Bestimmung als fürsorgliche Mutter gefunden hat, ist auch durch die Begründung gegenüber der Tochter, warum sie dem Koch nicht nach Utrecht folgen will, zu belegen: »Es war der Wagen, darum. Ich trenn mich noch nicht vom Wagen, wo ich gewohnt bin, wegen dir ists gar nicht, es ist wegen dem Wagen.« (S. 97) Nun könnte man einwenden, der Courage sei die Regung ihres Herzens gehörig peinlich, weil diese vielleicht ihren Ruf schädigen könnte, und sie kaschiere sie hinter einer Ausrede. Auch könnte man ein schlechtes Gewissen der Courage vermuten, an der Verunstaltung, womöglich sogar an der vermutlichen Vergewaltigung und dem Stummsein Kattrins mitschuldig zu sein. Doch der Satz könnte ebenso gut genau so gemeint sein, passt sein zentraler Gedanke, den geldwerten Wagen zu retten, doch zu gut zu dem bereits im 1. Bild aufgezeigten Motivfeld ›Geld gegen Herz‹.

Auch in einer moderateren Lesart müsste konstatiert werden, dass der Courage das Verständnis für die Bedürfnisse ihrer Tochter völlig abgeht. Ungeschickt – und im Fehlen mütterlicher Instinkte – gibt sie ihr nie das, was sie gerade benötigt, und umgekehrt gibt sie ihr manchmal das, woran Kattrin nun gar nicht mehr interessiert ist (so die roten Stöckelschuhe der Yvette, S. 73). Die Tragik der Kattrin besteht darin, dass sie sich nicht in ihrer Liebesbedürftigkeit verständlich machen kann, was nicht ihre, sondern die Schuld ihrer der Liebesfähigkeit entfremdeten Umwelt ist. Liebe könnte sie auch von ihrer Mutter entgegengebracht bekommen, wozu diese aber nicht in der Lage ist. Die Mutter missversteht die Bereitschaft, Liebe zu geben und zu nehmen, als Mitleid, und reduziert Kattrins Sehnsucht nach Ehe, Familie und Mutterschaft auf die Suche nach einem Mann.

■ Liebesbedürftigkeit Kattrins

Selbst Kattrins Selbstexperiment mit Hut und Schuhen der Yvette wird ihr von der Mutter unter Vorwand und Seitenhieb auf die Yvette missgönnt: »Sollen sie dich entdecken und zur Hur machen? Und die Schuh hat sie sich angezogen, diese Babylonische!« (S. 37 f.) »Und was hab ich gefunden, du schamlose Person? *Sie hebt triumphierend die Stöckelschuhe hoch.*« (S. 42) Der vorgebliche Schutz vor der Vergewaltigung ist vermutlich auch ein Kleinhalten. Nicht nur die Courage verkennt, dass die vordergründig schwächste Figur des Stückes gleichzeitig die aktivste ist, wenn es darum geht, die Verhältnisse zu ändern und das Schicksal in die eigene Hand zu nehmen.

■ Das Kleinhalten Kattrins durch die Mutter

Die Kulmination des Dramas: Analyse des 11. Bildes

Dramatischer Spannungshöhepunkt und Höhepunkt des Sinngehalts des Stückes ist das 11. Bild. Es ist gleichzeitig das Bild, das komplett der Kattrin gehört: Keine weitere Hauptfigur kommt darin vor, alle anderen handelnden Figuren – die katholischen Soldaten und die Bauernfamilie – treten darin zum ersten Mal auf.

Das 11. Bild als Kattrins Bild

Das Titularium ist überraschend. Sind diese sonst ja eher nüchtern gehalten, bedient sich Brecht in diesem Bild einer starken, das Bild zusätzlich heraushebenden Metapher: »Der Stein beginnt zu reden.« (S. 99) Gemeint ist Kattrin, doch wird diese Metaphorik an dieser Stelle zum ersten Mal auf sie angewendet. Von der Forschung wurde auf den Niobe-Mythos verwiesen, in dem die trauernde Mutter zu Stein wird, doch ist der Bezug zweifelhaft. Brechts Aussage im *Courage-Modell*, »die Menschen schweigen, der Stein hat beschlossen zu reden«,[28] hilft nicht viel weiter, doch betont sie die gleichzeitige Erniedrigung und Erhöhung der Figur. Vielleicht spielt Brecht einfach auf den Stein als Ewig- und Stetigkeitsmetapher an. Diese Deutung hat die charakterliche Enthüllung der Kattrin als sich treu bleibende, starke und überzeugungsfeste Handlungsträgerin für sich. Unser Eindruck von ihrer Passivität vom Anfang des Stückes war falsch.

»Der Stein beginnt zu reden«

28 Brecht (s. Anm. 12), S. 139.

Kattrin als aktiver Handlungsträger

Ihre Menschlichkeit gibt ihr meistens ziemlich genau ihre Handlungsweise ein. Suchte sie anfangs noch Unterstützung bei der Mutter, wandte sie sich im 5. Bild mit einer Holzplanke direkt gegen sie. Von einer wimmernden Kinderstimme aufgerüttelt, begab sie sich todesmutig in ein einsturzgefährdetes Bauernhaus und rettete das Kind aus der Trümmerstätte. Auch im 9. Bild wusste sie ziemlich genau, was zu tun war: sich aus der unseligen Beziehung zu ihrer Mutter zu lösen. Sie schnürte ihr Bündel, wurde aber von der Mutter rechtzeitig erwischt. »Sie hält Kattrin fest, die weg will.« (S. 97) Man kann also kaum davon sprechen, dass dieser »Stein« erst jetzt, im 11. Bild, zu reden »beginnt«. Aber die Aufforderung, die in ihrem Trommeln angedeutet liegt, wird eindringlicher: ›Handelt!‹ Erst das Handeln vervollständigt den von Kattrin verkörperten Humanismus.

Gegenbild zur passiven Bauernfamilie

Das Gegenbild zu Kattrin ist im 11. Bild die Bauernfamilie. In Anbetracht der Gefahr für die Stadt Halle und der Bedrohung durch die bewaffneten Soldaten sind sich Bauer und Bäuerin einig: »Ja, wir können nix machen.« (S. 101) Stattdessen beginnen sie unter vielerlei Redensarten, welche die Verantwortung nur auf Gott und die schlafenden Bürgerinnen und Bürger abwälzen, zu beten. Als Kattrin von einer Familie erfährt, deren vier ein- bis siebenjährigen Kindern die Misshandlung, vielleicht der Tod droht, sollte die Stadt erstürmt werden, »stöhnt« sie und steht »verstört« (S. 102) auf. Während die Bauersleute weiter untätig knien und selbstmitleidig beten (S. 102), hat sich Kattrin bereits unbemerkt zum Wagen geschlichen, die Trommel herausgenommen, ist, das Instrument unter der Schürze verbergend, auf das Dach des Stalles geklettert und beginnt, Alarm zu schlagen.

Die Aktivität Kattrins ist ein einziges Dementi der Behauptungen des alten Bauern und der Bäuerin. Zum einen offenbaren diese, dass es ihnen nicht darum gegangen sein kann, wirklich helfen zu wollen, sondern nur darum, ungeschoren davonzukommen (S. 102 f.). Obwohl sie den Zweck des Trommelschlagens zweifellos erkennen und wahrscheinlich dessen Erfolg vorausahnen, beschimpfen sie die, die wirklich hilft, als »Gesindel« (S. 103). Routiniert war das Beten zu Gott als Ausflucht genutzt worden, nicht aktiv helfen und entsprechende Absichten nicht ernst meinen zu müssen. Es ist, wie das Jammern und Um-Gnade-Flehen vor den Soldaten, »zu festen Formen erstarrt«.[29]

Routinen des Nichts-Tuns

Die vordergründige Religionskritik kann, der Kernbotschaft des Stückes folgend, auf jede Weigerung, etwas ernsthaft an den Lebensbedingungen ändern zu wollen, übertragen werden: Dies trifft die Figuren des Stückes, die, wie die Courage oder der Feldprediger, häufig klug und einsichtsvoll reden und nichts tun, aber auch das Publikum und die Zeitgenossinnen und Zeitgenossen Brechts, die sich der kapitalistischen und faschistischen Kriegstreiberei schutzlos ausgesetzt sehen.

Kritik an Schicksalsergebenheit der Zeitgenossen

29 Brecht (s. Anm. 12), S. 124.

Brechung der Dominanz des Krieges

Um die Wirkung dieser Aussage zu steigern, übertreibt Brecht nun wiederum die Unfähigkeit der Soldaten, etwas gegen das Trommeln Kattrins zu unternehmen. Die Maßnahmen sind sämtlich völlig untauglich: Es finden sich keine Steine, um sie zu bewerfen; die Leiter hat Kattrin auf das Stalldach gezogen; mit einem Baumstamm soll sie heruntergestochert werden; der Fähnrich gibt ein »Ehrenwort« (S. 103), die Mutter Kattrins beim Überfall auf die Stadt zu verschonen, und stößt leere Drohungen aus; anderer Lärm soll das Trommeln übertönen, der Hof angezündet werden. »Das nützt nix, Herr Hauptmann« (S. 104), werden alle Versuche, die Warnung an die Stadt Halle zu unterbinden, ausgerechnet vom Bauern konterkariert, der gerade noch meinte, es sei unmöglich, eine Warnung an die Stadt Halle auszusenden. Brecht zeigt damit, wie wenig eigentlich nötig wäre, die Dominanz des Krieges zu brechen – man müsse nur etwas *tun*.

Verhaltensweisen Kattrins

Die Umkehrung von Macht und Ohnmacht im 11. Bild findet einen Spiegel im Verhalten Kattrins. Sie trommelt immer stärker, weil sie um ihr innigstes Anliegen weiß (Leben zu retten). Aufmerksam registriert sie trotzdem immer, was um sie herum vorgeht (S. 102 f., 105), hin- und hergerissen zwischen bedrohter Stadt und bedrohtem Wagen. Es interessiert sie womöglich, wie »der Krieg« darauf reagiert, wenn ihm die alleinige Macht über die Figuren entzogen wird. Auf die Äußerung des Bauern, das alles nütze nichts, »lacht sie« (S. 104), was weniger ein Zeichen für aufkeimenden Wahnsinn ist als ein echtes Amüsieren darüber, was selbst sie als schwache und stumme, aber entschlossene Figur vermag. Auch ihr Weinen beruht weniger auf ihrer eigenen – mittelfristig ja doch aussichtslosen – Situation, als auf der Verantwortung, allein für den Schutz der Bewohnerinnen und Bewohner Halles sorgen zu müssen, und der Verzweiflung, dies bislang noch nicht geleistet zu haben. Parallel wird sie durch ihre Beharrungskraft mitschuldig daran, dass dem jungen Bauern Gewalt angetan wird: Der Soldat wirft den jungen Bauern »nieder und schlägt auf ihn mit dem Spieß ein« (S. 105).

Die Rolle des jungen Bauern

Dem jungen Bauern kommt eine Schlüsselrolle für das Verständnis des 11. Bildes zu: Schon am Anfang hatte er sich den Drohungen der Soldaten widersetzt und geweigert, ihnen den Pfad zu zeigen, der in die Stadt führt. Er fügt sich aber der Einrede seiner Eltern. Nach seiner Rückkehr erkennt er als Einziger, was Kattrin in Wahrheit bewegt, nämlich das drohende Leid der Kinder (S. 103). Er wird, während sich die alten Bauersleute zunehmend als Helfershelfer der Soldaten aufführen, zu Kattrins Komplizen: Er »*führt einige schwache Schläge gegen den Planwagen*« (S. 104) anstatt ihn zu zerstören und damit Kattrin zum Unterbrechen ihres Trommelns zu bewegen, und er »*wirft plötzlich die Planke weg:* Schlag weiter! Sonst sind wir alle hin! Schlag weiter, schlag weiter.« (S. 105) In gewisser Weise spiegelt die Beziehung des jungen Bauern zu seinen Eltern die Beziehung Kattrins zu ihrer Mutter, der Courage: Die Hoffnung auf den Umsturz der gesellschaftlichen Verhältnisse geht von der jungen Generation aus.

Die Tat Kattrins hat am Ende natürlich Erfolg, ihre Entschlossenheit nützt: »Sie hats geschafft«, sagt der Erste Soldat, als aus der Stadt Sturmglockenläuten und Kanonendonner ertönen. Freilich lässt sie ihr Leben für diesen guten Zweck. Es ist den Soldaten doch noch – zu spät – gelungen, ein Gewehr zu beschaffen, mit dem sie die Nothelferin erschießen. Es ist ein in seiner Größe vollauf heroisches Opfer, das Kattrin bringt. Nicht nur die Geschichte der Familie Courage geht damit zu Ende (12. Bild), auch Brechts Kriegsdeutung ist erfüllt: Die herkömmliche historistische Idee des Krieges mit ihren ehrwürdigen Kriegsgründen und Kriegszielen und dem Heldentum des ›großen Mannes‹ wird auf den Müllhaufen der Geschichte verwiesen. Sicher, am Ende bekommt Kattrin kein Ehrenbegräbnis, sondern wird gewiss nicht viel mehr als verscharrt werden (S. 107). Doch für einen Moment blitzt bei Brecht die Perspektive einer Welt ohne Krieg auf, regt das Stück doch dazu an, sich eine Lage auszumalen, in der jeder so handelte wie Kattrin. Dafür bräuchte es aber zwei Seiten derselben Medaille: den guten Willen des humanistischen Menschen und das geänderte Bewusstsein der ausgebeuteten Klassen.

■ Der Sinn hinter dem Opfer Kattrins

Die Songs

Bezeichnung des Liedes	Bild	gesungen von	Inhalt, Bedeutung
Das Lied der Courage	1, 7, 8, 12	Courage	die Courage stellt sich und ihr kriegswichtiges Geschäft vor; Lied gewinnt während des Stückes leitmotivischen Charakter
Das Lied vom Weib und dem Soldaten	2	Eilif, Courage	Kriegswarnung einer Frau und Gegenrede des Soldaten als düsterer Blick in die Zukunft Eilifs
Das Lied vom Fraternisieren	3	Yvette	unglückliche Liebe eines Mädchens zu einem feindlichen Soldaten, es erhellt sich Yvettes Vergangenheit
Das Horenlied	3	Feldprediger	ungerechte Verurteilung und qualvoller Tod Jesu, dient der Parallelisierung der Leben Jesu und des Schweizerkas

Das Lied von der großen Kapitulation	4	Courage	ein stolzer Mensch erfährt, dass ihm kein besonderes Leben vergönnt ist, sondern er sich in die eintönige Gesellschaft eingliedern muss
Das Lied des Soldaten vor der Schenke	6	Unbekannter Soldat	kurzes Lied über einen Soldaten, der in den Krieg zieht und dort den Tod findet
Der Salomon-Song	9	Courage, Koch	Bettellied über die Verderblichkeit der Tugenden Weisheit, Kühnheit, Redlichkeit, Selbstlosigkeit und Gottesfurcht
Das Lied von der Bleibe	10	Stimme aus dem Hintergrund	Lied über eine schön erblühende Rose und den Schutz durch ein gutes Dach als Antithese zum Krieg
Das Wiegenlied	12	Courage	Umdichtung eines bekannten Kinderliedes, durch welche die Spaltung zwischen Arm und Reich hervortritt

Abb. 5: *Mutter Courage und ihre Kinder*, Überblick über die Songs

Brecht hatte in seinem dramatischen Schaffen schon lange mit der Verbindung von Bühnenhandlung, Dialog und Songs experimentiert. In der *Dreigroschenoper*, der legendären Zusammenarbeit mit Kurt Weill, dienten die Songs nicht nur der Untermalung, sondern sollten auch Einschnitte für notwendige Reflexionen des Publikums setzen. Nach dem Krieg verwarf Brecht die ursprüngliche Komposition von Simon Parmet (1940) zur *Mutter Courage* ebenso wie die Musik von Paul Burkhard aus der Züricher Uraufführung (1941). Stattdessen erarbeitete er 1946 noch im amerikanischen Exil gemeinsam mit seinem Freund Paul Dessau ein neues musikalisches Konzept, insgesamt zehn Lieder, die in dieser Form auch in der Aufführung des Deutschen Theaters Verwendung fanden.

■ Geschichte der Musiken zur *Courage*

Musikalisch orientierten sich Brecht und Dessau an Melodien aus Volksliedern. Die Vortragsweise näherte sich dabei in Nachahmung des erzählenden Gestus von Bänkelliedern häufig dem Sprechgesang an. Das siebenköpfige Orchester setzte sich zusammen aus einem Akkordeon, zwei Flöten, einer Trompete, Schlagzeug, Gitarre und Wanzenklavier, einem mit Reißnägeln ausgestatteten Klavier, das einen neuartigen verfremdenden Klang gewährleistete.[30]

■ Bezug zum Bänkelsang

Der Stellenwert der Songs in *Mutter Courage und ihre Kinder* ist durchaus umstritten. Il'ja Fradkin nannte sie »ein notwendiges Element des künstleri-

■ Zur Stellung der Songs im Drama

30 Siehe dazu Knopf (s. Anm. 7), S. 192.

schen Ganzen«.[31] Sie verfremdeten die Handlung, kommentierten sie und würfen ein zusätzliches Licht auf die Figuren. Theodor Luthardt nannte die Songs sogar den »Schlüssel zur dramatischen Grundkonzeption«.[32] Brecht selbst war davon weniger überzeugt. In einer Anmerkung im *Courage-Modell 1949* bestritt er, dass die Lieder aus der Handlung »herauswachsen«. In einer guten Inszenierung müsse »der richtige Eindruck« entstehen, »sie seien Einlagen«.[33] Eine umfassende Analyse des gesamten Liedmaterials der *Courage* ist an dieser Stelle weder möglich noch beabsichtigt. Die obige knappe tabellarische Übersicht mag zur Einordnung dienen.

31 Il'ja Fradkin, *Bertolt Brecht. Weg und Methode*, 2., überarb. Aufl., Frankfurt a. M. 1977, S. 182.

32 So Luthardt in einem Aufsatz von 1957/58, zit. ebd.

33 Brecht (s. Anm. 12), S. 52.

7. Autor und Zeit

Eugen Berthold Friedrich Brecht wurde am 10. Februar 1898 in Augsburg geboren. Die Mutter kam aus einem kleinen Beamtenhaushalt in Oberschwaben, sein Vater hatte eine kaufmännische Lehre absolviert und in einer Papierfabrik schnell Karriere gemacht. Brecht kam also aus jenem bürgerlichen Milieu, das er später in seinem Werk oft so schonungslos kritisieren sollte.

■ Herkunft und Elternhaus

Seit 1908 besuchte Brecht das Königliche Realgymnasium in Augsburg. Erste literarische Versuche sind aus dem Jahr 1913 bekannt. Den Kriegsausbruch 1914 begleitete der Schüler zunächst begeistert. Im Schuljahr 1915/16 führte ein kriegskritischer Aufsatz jedoch fast zum Schulverweis. 1917 legte Brecht, wie bei Schülern im Ersten Weltkrieg üblich, das Notabitur ab und schrieb sich an der Münchner Universität an der Philosophischen und etwas später zusätzlich an der Medizinischen Fakultät ein.

■ Jugendzeit und Erster Weltkrieg

Nach dem Krieg arbeitete Brecht zunächst als Lokalredakteur und Theaterkritiker für die Augsburger Zeitung *Der Volkswille*. Er pendelte zwischen Augsburg und München, wo er Teil der lebendigen Literatur- und Theaterszene wurde. 1922 heiratete er die Schauspielerin Marianne Zoff und wurde im gleichen Jahr Dramaturg und Regisseur bei den Münchner Kammerspielen. Brecht, obwohl auch ein bedeutender Epiker und Lyriker, blieb zeitlebens ein Mann des Theaters.

■ Bekanntschaft mit der Welt des Theaters

Frühe Theaterstücke

Die ersten Erfolge als Bühnenautor folgten. Die Stücke *Trommeln in der Nacht* (entstanden 1919, uraufgeführt 1922), *Baal* (1918/1923), und *Im Dickicht der Städte* (1921–24/1923) atmeten noch den Geist der expressionistischen Epoche. Die Baal-Figur zeichnet einen unzerstörbaren Lebenswillen und -genuss aus. *Trommeln in der Nacht* wird von einer Zuwendung zu den Getretenen und Ausgestoßenen der Gesellschaft getragen; *Im Dickicht der Städte* thematisiert die Vereinzelung des Menschen in der Großstadt.

Selbststilisierung und Partnerschaften

1924 siedelte Brecht als dramaturgischer Mitarbeiter am Deutschen Theater nach Berlin über. Auch dort wurde er sehr bald eine zentrale Figur des Kulturlebens, die ihr äußeres Erscheinungsbild zu inszenieren wusste: kurzgeschorene Haare, nachlässige proletarische Kleidung, Sporthemden, Lederjacke und -mütze, Zigarre im Mundwinkel, eine altmodische Drahtbrille. Brecht hatte eine Vorliebe für nichtintellektuelle Menschen und den Boxsport. Von Marianne Zoff ließ er sich 1927 scheiden. Die Schauspielerin Helene Weigel, mit der er bereits seit 1924 ein Verhältnis und einen gemeinsamen Sohn hatte, heiratete er 1929.

Brecht im Kulturleben Berlins – Die *Dreigroschenoper*

Die spätere Weimarer Zeit war gerade in der Hauptstadt ein Laboratorium der Moderne, in dem Brecht sehr erfolgreich mitarbeitete. Das lag auch an seiner Offenheit für technischen Fortschritt und populäre literarische Formen. Brecht war ein literarischer Grenzgänger, der mit der Gattung Lustspiel (*Mann ist Mann*, 1920–26/1926) und den Medien Hörspiel (*Der Ozeanflug*, 1929) und Film (*Kuhle Wampe*, 1932) experimentierte. Seine besondere Vorliebe galt aber dem Musiktheater und der Oper. Zusammen mit dem Komponisten Kurt Weill realisierte er 1928 am neugegründeten Theater am Schiffbauerdamm – später Brechts »Berliner Ensemble« – die *Dreigroschenoper.* Die eingängige Musik und die plakative Kernaussage, dass Bürger und Verbrecher, Kapitalisten und Räuber im Grunde dasselbe sind, machen sie zum populärsten Werk Brechts. 1931 folgten noch ein Film und 1934 ein Roman. Ebenfalls mit Weill wurde die Oper *Aufstieg und Fall der Stadt Mahagonny* (1927/1930), die in einer exotisch-utopischen Welt spielt, in Szene gesetzt.

Kommunismus und Lehrstücke

Schon immer mit linken Ideen sympathisierend, fällt in die Jahre 1926/27 Brechts Konversion zum Marxismus, den er in Abendkursen eingehend studierte. Brecht entwickelte den neuartigen Spieltypus des Lehrstücks, durch dessen modellhaft reduzierte Handlung das Theater zum Nachdenken anregen und erzieherisch im Sinne des kommunistischen Gesellschaftsziels tätig werden sollte. Zu dieser Gruppe von Brecht-Stücken gehören unter anderem *Die Maßnahme* (1929–30/1930) und *Der Jasager und der Neinsager*, für das er sich von einem alten japanischen Nō-Spiel anregen ließ. Auch in den Lehrstücken tritt die Musik dem Text gleichberechtigt an die Seite, Brechts Komponist wurde jetzt Hanns Eisler. Zeitgleich zu den eigentlichen Lehrstücken entstanden auch *Die Mutter* (1931/1933) nach Maxim Gorki und *Die heilige Johanna der Schlachthöfe* (1929/1959), das Stück

Abb. 6: Helene Weigel und Bertolt Brecht 1939 vor dem Haus ihrer Gastgeberin Ninnan Santesson im schwedischen Exil (Bertolt-Brecht-Archiv, Fotoarchiv 07/142) – © Akademie der Künste, Berlin, Bertolt-Brecht-Archiv

Brechts, das die Kapitalismus- und Religionskritik von Marx am deutlichsten herausarbeitet.

Mit der Machtübernahme der Nationalsozialisten geriet Brecht in unmittelbare Gefahr. Als sich nach dem Reichstagsbrand in der Nacht vom 27. zum 28. Februar 1933 die Kommunistenverfolgungen verschärften, reiste er mit seiner Frau Helene Weigel nach Prag. Von jetzt an war Brecht bis ins Jahr 1948 unaufhörlich auf der Flucht – zunächst über Wien und die Schweiz nach Paris, dann im Juni 1933 weiter nach Dänemark, wo er mit seiner Frau und den Kindern Stefan und Barbara in der Nähe der Stadt Svendborg auf der Insel Fünen ein hübsches Bauernhaus bezog. Im April 1939 wurde der Aufenthalt in Dänemark vor dem Hintergrund des heraufziehenden Weltkrieges zu gefährlich und er wich nach Schweden aus. Über Finnland und Moskau, Sibirien und den Pazifik gelangte er im Juli 1941 nach Los Angeles. In den USA blieb er über das Ende des Weltkrieges hinaus bis zum Oktober 1947. Über Paris, Zürich und Wien kam er im Oktober 1948 in den Ostteil der bereits geteilten Stadt Berlin.

Stationen im Exil

Der (nicht-theoretische) theaterschriftstellerische Ertrag der Exiljahre könnte in zwei Gruppen geordnet werden. Zur ersten Gruppe gehören die eher parabelartigen Stücke, die in durchschaubarer Maskierung und modellhafter Reduktion die Vorgänge in Hitlerdeutschland, seit 1939 auch die Kriegsgeschehnisse, erklären und aus marxistischer Perspektive kritisieren. Hierzu gehören die Werke *Die Rundköpfe und die Spitzköpfe*, *Die Gewehre der Frau Carrar*, *Furcht und Elend des Dritten Reiches*, *Der aufhaltsame Aufstieg des Arturo Ui*, *Die Gesichte der Simone Machard* und *Schweyk im Zweiten Weltkrieg*.

Parabelartige Stücke der Exilzeit

Die zweite Gruppe umfasst jene fünf Theaterstücke, die den bis heute gültigen Ruhm Brechts als zeitloser Dramatiker begründeten. An ihnen wurde in

Die großen Dramen

den letzten Jahren des skandinavischen Exils sowie in den USA teilweise zeitgleich und fortlaufend gearbeitet. Neben *Mutter Courage und ihre Kinder* sind dies: *Leben des Galilei* über die Beziehung der Wissenschaft zu Macht und Moral, *Der gute Mensch von Sezuan*, eine ostasiatisch verkleidete Parabel über die Selbstentfremdung des Menschen, *Herr Puntila und sein Knecht Matti*, eine im finnischen Exil mit finnischem Hintergrund entstandene Komödie über den Klassengegensatz, und schließlich *Der kaukasische Kreidekreis*, 1944 in den USA begonnen, in dem die Mutterschaft als soziale Beziehung definiert wird. Groß macht diese Stücke wohl vor allem, dass Brecht der Härte der kommunistischen Ideologie eine Freundlichkeit, Güte, ja vielleicht sogar humanistische Weltsicht oder Weisheit an die Seite stellte.

Schwierigkeiten während der Exilzeit – Hollywood

Brechts Erfahrungen in der Exilzeit waren sehr gemischt. Oft war er auf Einladung von Freunden und Arbeitskollegen Gast in deren Häusern, kam eigentlich nur in Dänemark auf Dauer an. In den Pariser Salons war er ein Fremder. In Dänemark erwartete er jederzeit die Rückkehr, hatte aber in der Abgeschiedenheit eine auch jenseits der Dramatik produktive Zeit: Es entstanden Gedichtzyklen, Tierfabeln, ästhetische und politische Essays. In Finnland genoss er ein Jahr lang den trügerischen Frieden des Landlebens. In Moskau war er deprimiert von den diktatorischen Zuständen. Auch vom rohen Kapitalismus in den USA fühlte er sich abgestoßen. Er hatte als Drehbuchautor für die Filmindustrie von Hollywood keinen Erfolg und führte in Los Angeles die zwischen Projekten und Müßiggang schwankende Existenz vieler deutscher Exilanten. Eine der wenigen positiven Erfahrungen der amerikanischen Jahre war die erfolgreiche Übersetzung und Inszenierung des *Galilei* in enger Zusammenarbeit mit dem Schauspieler Charles Laughton. Die Ausreise aus den USA wurde 1947 beschleunigt durch sein Verhör vor dem Ausschuss für unamerikanische Umtriebe in Washington, in dem seiner kommunistischen Vergangenheit nachgespürt wurde, um ihn in mit einer kommunistischen Verschwörung in Hollywood in Verbindung zu bringen.

Die Welt stand, als Brecht Ende 1948 nach Ost-Berlin einreiste, bereits im Zeichen des Kalten Krieges. Nach dem Sieg der Alliierten über das Dritte Reich war der ideologische Konflikt zwischen den kapitalistischen USA und der kommunistischen Sowjetunion, die ihre jeweiligen Einflusszonen in Europa auszudehnen strebten, offen zutage getreten. So wurde dem Kommunisten Brecht die Einreise nach Westdeutschland verweigert. Ihm lag es ohnehin näher, an dem Aufbau der Ostzone, aus der ein Jahr später die DDR werden sollte, mitzuwirken.

■ Brecht zwischen West und Ost

In seinen letzten Lebensjahren schrieb Brecht nicht mehr viel. Am bedeutsamsten ist noch das Parabelstück *Die Tage der Commune* (1949/1956). Sein Schwerpunkt lag auf der praktischen Theaterarbeit. Mit Helene Weigel als Intendantin gründete er das Berliner Ensemble, das er zu einer der innovativsten und besten Bühnen der Welt machte. Unter Mitarbeit

■ Regisseur am Berliner Ensemble

von Freunden und Weggefährtinnen wie Elisabeth Hauptmann und Ruth Berlau sowie Schauspielern wie Ernst Busch oder Erwin Geschonnek, die bereits mit Brechts Spielweise des epischen Theaters vertraut waren, wurde eine große Inszenierung nach der anderen auf die Bühne gebracht. Der szenische Einfallsreichtum, die Genauigkeit der Einstudierung, die Sorgfalt, die auf die Requisiten verwandt wurde, waren legendär. Weltruhm als Vater des Berliner Ensembles erlangte Brecht, nachdem er 1954 auf dem Theaterfestival in Paris mit *Mutter Courage* den ersten Preis gewonnen hatte. Es folgte eine triumphale Tournee in Westeuropa und den USA.

Brechts Stellung zur und in der DDR

Brechts Loyalität zum neuen Staat DDR stand niemals in Frage. So fertigte er einige Staatsgedichte an, die heute peinlich zu lesen sind. Zu den SED-Funktionären bildete Brecht aber eine skeptische Distanz heraus. Was schon für den Schüler galt, ist auch für den etablierten Dichter zu sagen: Brecht war ein chronisch Unbequemer, der stets seine eigene Linie verfolgte. Mit der unbeweglichen Kultusbürokratie der DDR kämpfte er um Kompromisse, etwa als seine und Paul Dessaus Bühnenoper *Das Verhör des Lukullus* (auf der Basis einer älteren Funkoper von 1939) unter den Formalismusverdacht fiel. Zwiespältig stand Brecht der Niederschlagung des Arbeiteraufstandes vom 17. Juni 1953 gegenüber. Brecht protestierte zwar nicht öffentlich, doch sind einige kleinere Akte der Aufsässigkeit überliefert. In einem Brief machte er dem SED-Generalsekretär Walter Ulbricht einige kluge Vorschläge, wie durch eine veränderte Politik die protestierenden Arbeiter zurückgewonnen werden könnten, doch hatten diese keine Wirkung. Politisch blieb Brecht während seiner letzten Berliner Jahre völlig einflusslos.

Krankheit und Tod

Brecht litt zeitlebens an einem schwachen Herzen. In den letzten Lebensmonaten hatte sich sein gesundheitlicher Zustand deutlich verschlechtert. Am 14. August 1956 starb er in Berlin. Drei Tage später wurde er unter großer öffentlicher Anteilnahme auf dem Dorotheenstädtischen Friedhof direkt neben seinem Wohnhaus beigesetzt. Wie er es sich gewünscht hatte, wurde auf der Beerdigung nicht gesprochen.

8. Rezeption

Hoffnung auf Erstaufführung in Schweden

Nach der Fertigstellung des Stückes *Mutter Courage und ihre Kinder* hoffte Brecht an der Jahreswende 1939/40 zunächst auf eine Erstaufführung in Schweden, wozu es jedoch nicht kam. Brecht machte nicht zu Unrecht fehlenden Mut der skandinavischen Bühnen dafür verantwortlich. Die dortigen Theater fürchteten Repressionen oder Verbote durch den Staat, der den diplomatischen Konflikt mit Nazi-Deutschland scheute.

Über Freunde Brechts kam das Manuskript auch in die Schweiz und an das Züricher Schauspielhaus, wo

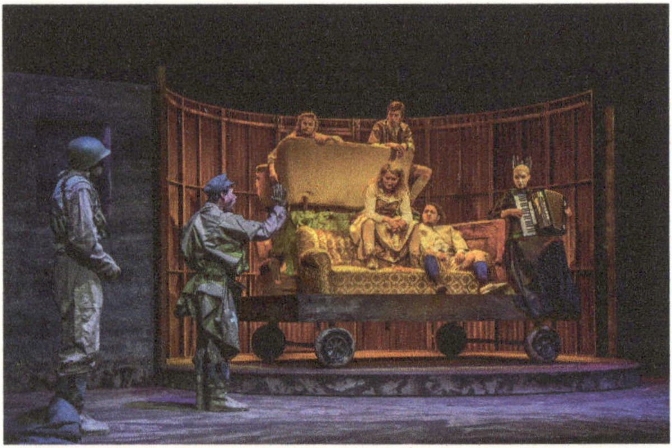

Abb. 7: *Mutter Courage und ihre Kinder*: Szenenbild aus einer Inszenierung des Theaters für Niedersachsen in Hildesheim, Februar 2019 – © www.jochenquast.de / Theater für Niedersachsen

die Uraufführung am 19. 4. 1941 unter der Regie von Leopold Lindtberg stattfand. Einige szenische Lösungen – wie der rollende Planwagen – wurden zum festen Bestandteil aller späteren Aufführungen. In den Rezensionen jenes Jahres spiegeln sich jedoch die grundsätzlichen Missverständnisse, denen bis heute Brechts Stück und vor allem seine Hauptfigur ausgesetzt war.

Züricher Uraufführung 1941

Die Kritikerin Elisabeth Thommen sah in der Marketenderin Anna Fierling den »Prototyp der Ur-Mutter«.[34] Andere Rezensionen erkannten bereits damals die Qualität der Titelfigur, eine bleibende Gestalt des Welttheaters zu werden, eine »Frau, Sinnbild des verwüsteten Europa, eine Bühnengestalt von wahrhaft shakespearescher Größe«.[35] Bernhard Kissel pries die Menschlichkeit »dieser herrlich frechen großartigen Mutter ihrer Kinder, die der Krieg verschlingt«.[36] Selbst wer diese Huldigung nicht mitmachte, blieb doch im Grundsatz bei einem positiven Courage-Bild, indem er den Krieg als Schicksalsmacht begriff und die Notwendigkeit, dass sich die Hauptfigur den Verhältnissen fügt, unterstrich. Der Schöpfer des epischen Theaters war von solch ›einfühlenden‹ Les-

Zeitgenössische Theaterkritiken und Brechts Reaktion

34 Zit. nach Kugli (s. Anm. 16), S. 396.

35 Zeitungsausschnitt aus der Sammlung Brechts, zit. nach: Werner Mittenzwei, *Das Leben des Bertolt Brecht oder Der Umgang mit den Welträtseln*, Berlin 1997, Bd. 1, S. 679.

36 Bernhard Kissel, Artikel im Tages-Anzeiger, 21. 04.1941, zit. nach: Bertolt Brecht: *Werke. Große Kommentierte Berliner und Frankfurter Ausgabe*, Bd. 6: *Stücke 6*, bearb. von Klaus-Detlef Müller, Berlin / Frankfurt a. M. 1989, S. 393.

arten nicht angetan (siehe S. 37–43 dieses Lektüreschlüssels).

Westdeutsche Erstaufführung der Nachkriegszeit

Die deutsche Erstaufführung fand nach Kriegsende am 2. 6. 1946 unter der Regie von Wolfgang Engels in Konstanz statt. Brecht lebte damals in den USA und wusste von dieser Inszenierung wohl nichts. Es wurden der Text der Züricher Uraufführung gespielt und auch deren Fehldeutungen wiederholt. Der frühen westdeutschen Deutungstradition, die von der Haltung geprägt ist, dass der »einzelne nicht schuld sei« am Faschismus und »nichts dafür gekonnt habe«[37], und auch die Courage dementsprechend eine Ausgelieferte der Zeitumstände sei, wurde hier der Boden bereitet.

Brechts Weg nach Ost-Berlin 1948

Bereits kurz nach Kriegsende war Brecht von Freunden gedrängt worden, nach Deutschland zurückzukommen und die Inszenierung seiner Stücke selbst zu übernehmen. Im Oktober 1948 reiste er auf Einladung des Kulturbundes zur demokratischen Erneuerung Deutschlands von der Schweiz aus über Prag nach Berlin. Die Einreise in die westlichen Besatzungszonen war dem Kommunisten Brecht im beginnenden Kalten Krieg untersagt. In der sowjetischen Besatzungszone (SBZ), aus der im Jahr darauf die DDR entstehen sollte, waren in jenem Jahr einige Theater wiedereröffnet worden. Der Intendant des Deutschen Theaters, Wolfgang Langhoff, unterbreitete Brecht das Angebot, am Deutschen Theater eige-

37 Knopf (s. Anm. 7), S. 190.

ne Stücke zu inszenieren, und stimmte Brechts Vorschlag zu, dort die *Mutter Courage* einzustudieren. Schon wenige Tage nach seiner Rückkehr nach Deutschland begann Brecht mit den Vorarbeiten zur *Courage*-Inszenierung.

Nach kaum zweimonatiger, sich schwierig gestaltender Probenzeit fand am 9. Januar 1949 in geschlossener Vorstellung an einer Funktionärsschule eine Voraufführung statt, die Premiere am Deutschen Theater folgte zwei Tage später. Brecht führte gemeinsam mit Erich Engel Regie, die überarbeitete Musik stammte von Paul Dessau, das Bühnenbild Teo Ottos wurde aus der Züricher Inszenierung übernommen. Der sensationelle Publikumserfolg wurde auch durch Helene Weigel möglich, Brechts Lebenspartnerin, welche die Courage ähnlich eindrucksvoll und unverwechselbar spielte wie Therese Giehse in Zürich. Brechts Geltung in der internationalen Theaterszene wuchs durch diese Inszenierung. Ein Gastspiel in Paris im Sommer 1954 führte zur vom französischen Philosophen und Schriftsteller Roland Barthes so bezeichneten »révolution brechtienne« an den französischen Theatern.[38] Zu Brechts Lebzeiten wurde das Stück fast fünfzigmal in Deutschland, Europa und Amerika inszeniert.

Die Berliner Aufführung und ihr Welterfolg

Unter dem Eindruck der Erfahrungen mit der Züricher Uraufführung hatte Brecht schon vor der Arbeit an der Berliner Inszenierung begonnen, seiner Coura-

38 Siehe zu diesen Zusammenhängen Kugli (s. Anm. 16), S. 397.

ge die ›Missverständlichkeit‹ zu nehmen. Die Textänderungen ließ die Courage nun stärker im Licht der kaltherzigen Kriegsgewinnlerin erscheinen. Er stellte gemeinsam mit seinen Mitstreitern vom Deutschen Theater ein *Modellbuch* zusammen (1958 postum als *Courage-Modell 1949* erschienen), das Maßstäbe für alle kommenden Inszenierungen setzen sollte. Darin waren hunderte Fotos enthalten, mit denen die Berliner Aufführung dokumentiert wurde. Der Regieassistent Heinz Kuckhahn stellte Regie-Notate zusammen. Das Modellbuch war eine Gebrauchsanweisung zu Brechts neuem Theater, sollte aber auch den praktischen Zweck erfüllen, bereits Geleistetes Regisseurinnen und Schauspielern, die wenig Zeit zur Einstudierung hatten, weiterzugeben. Dokumentiert waren etwa – Szene für Szene – nicht nur bewährte Gänge, Stellungen und Gruppierungen der Darstellerinnen und Darsteller auf der Bühne, sondern auch Details bestimmter Handgriffe, Spielweisen und Gesichtsausdrücke.

Zweck und Inhalte des »Modellbuchs«

Die Deutungsperspektive des Modellbuchs ist »die Verschmelzung von Krieg und Geschäft«.[39] Eine Aufführung des Stückes solle hauptsächlich zeigen:

Courage-Deutungen des Modellbuchs

> »Daß die großen Geschäfte in den Kriegen nicht von den kleinen Leuten gemacht werden. Daß der Krieg, der eine Fortführung der Geschäfte mit andern Mitteln ist, die menschlichen Tugenden töd-

39 Brecht (s. Anm. 12), S. 64.

lich macht, auch für ihre Besitzer. Daß für die Bekämpfung des Krieges kein Opfer zu groß ist.«[40]

»Bei richtiger Spielweise« sei bei den Zuschauerinnen und Zuschauern »die Einsicht in den Zusammenhang von Krieg und Kommerz freizulegen«.[41] Mehrfach kommt das Modell auch auf die Fehldeutungen der Courage-Figur im Gefolge der Züricher Uraufführung zu sprechen. Sie sei keineswegs »dem Geschehen hilflos ausgeliefert«, sondern treffe Entscheidungen für eine »aktive und freiwillige Teilnahme am Krieg«.[42]

Nach dem Erfolg in Berlin waren zahlreiche deutsche Theater an einer Inszenierung von *Mutter Courage* interessiert, doch Brecht weigerte sich, eine allgemeine Aufführungserlaubnis zu erteilen. Vielmehr verlangte er von den interessierten Theatern die Benutzung des Modells, so in Wuppertal 1949, München und Rotterdam 1950 sowie Göttingen 1956. Eine in Dortmund vorbereitete Aufführung wurde im Jahr 1949 von Brecht nach der Generalprobe untersagt, weil das Modell keine Verwendung fand. Auch nach dem Tod des Autors behielt das Modell zunächst noch ein hohes Maß an Verbindlichkeit, etwa in Kassel 1960, Köln 1964 und Neustrelitz 1968. Selbstverständlich blieb das Modell auch gültig, als Brecht die Inszenierung vom Deutschen Theater 1951 an sein ei-

Verbindlichkeit des *Courage*-modells

40 Brecht (s. Anm. 12), S. 55.
41 Ebd., S. 136.
42 Ebd., S. 57.

genes neugeschaffenes Haus holte, ans Berliner Ensemble.

Zu diesem Zeitpunkt war Brechts Theaterkonzept bereits unter den Druck der Kritiker und des staatlichen Kulturbetriebs geraten. Bereits die Premiere vom Januar 1949 war unter den Berufskritikern der Sowjetischen Besatzungszone umstritten gewesen. Kommunistische Kritiker verlangten nach proletarischen Heldenfiguren und positiven Botschaften und erwarteten, dass sich Mutter Courage ihrer Klassenlage bewusst sein und entsprechend revolutionär handeln müsse. »Kapituliert die Courage, so wurde dies als Aufforderung Brechts an die Arbeiterklasse verstanden, ebenfalls zu kapitulieren.«[43] Die Kunst des Sozialistischen Realismus strebte nach Eindeutigkeit. Eine Differenz zwischen Gesagtem und Gemeintem, wie sie für gelungene Kunst ergiebig sein kann, wurde in Bezug auf die *Courage* geleugnet. Brecht geriet in die Mühlen des Formalismusstreites – letztlich wurde ihm eine falsche Weltanschauung vorgeworfen.

■ Auseinandersetzung um die *Courage*

Brecht selbst nahm an dieser Debatte nur am Rande teil. Ein höfliches Streitgespräch über »Formprobleme des Theaters« führte er mit seinem Schriftstellerkollegen Friedrich Wolf, einem ehemaligen Expressionisten, der jetzt gemäß den Normen des Sozialistischen Realismus schrieb.[44] Letztlich ging es auch in

■ Brecht gegen Friedrich Wolf

43 Karl-Heinz Ludwig, »Die Kontroverse über die Berliner Erstaufführung von *Mutter Courage und ihre Kinder*«, in: Müller (s. Anm. 8), S. 292–305, hier S. 299.

44 Abgedruckt ist der Wortlaut des Streitgesprächs am Ende

diesem Gespräch um die Zukunftstauglichkeit des epischen Theaters. Wolf meinte, gerade die Berliner Aufführung habe gezeigt, dass episches Theater nur dort Publikumswirkung erziele, wo es gar nicht episch sei. Ein früherer Kritiker hatte von einem heimlichen dramatischen Konflikt zwischen Kattrin und der Courage gesprochen, und auch für Wolf »bewies die Haltung der Zuschauer, daß die emotionalen Handlungsmomente Höhepunkte der Aufführung wurden« und verwies dabei zuerst auf das »Trommelsignal der stummen Kattrin, wie überhaupt diese ganze Szene«.[45] Warum, so fragt er, wende Brecht nun nicht das konsequent an, was offensichtlich so gut funktioniere? Die Courage hätte sich am Ende des Stückes wandeln sollen. Brecht erwiderte geschickt, die innere Wandlung einer Figur sei in einer Darstellung, die dem Historischen Materialismus gehorcht, nur dann realistisch, wenn ihr soziales Sein diese Wandlung nahelege. Dies sei bei der Courage ja aber nicht der Fall.

Verfilmungspläne

Seit 1949 dachte Brecht über eine Verfilmung des Stoffes nach. 1951 entstand ein erstes Drehbuch, ein zweites 1952 unter Beteiligung des bekannten DEFA-Regisseurs Wolfgang Staudte. Das Projekt, für das mit Bernard Blier und Simone Signoret sogar zwei mit dem Kommunismus sympathisierende Filmstars aus Frankreich engagiert wurden, scheiterte an unter-

des Couragemodells von 1949 (s. Anm. 12), S. 144; daraus auch die Zitate.

45 Brecht (s. Anm. 12), S. 146.

schiedlichen Besetzungsvorstellungen und Regiekonzeptionen Brechts und Staudtes. Nach Brechts Willen konnte nur Helene Weigel die Courage spielen. Das Konzept des epischen Theaters sollte auch in den Film gerettet werden. Die filmunerfahrene Weigel erwies sich jedoch als zu kameraschüchtern und verprellte mit ihren Sonderwünschen Staudte, das Personal am Set und schließlich auch die DEFA-Führung. So war die Besetzung der Hauptfigur unklar, als die Dreharbeiten im Sommer 1955 begannen, aber schon nach zehn Drehtagen abgebrochen wurden.[46]

Der Theaterfilm von 1961

1959 bis 1961 drehten Peter Palitzsch und Manfred Wekwerth einen Theaterfilm nach der Modell-Aufführung des Berliner Ensembles, der auch in ostdeutschen Kinos anlief. Später entstanden auch noch weitere Fernsehfilme nach Theaterinszenierungen. Eine wirkliche Spielfilm-Adaption für Kino, Fernsehen oder Streamingdienst steht merkwürdigerweise bis heute aus.

Herausforderungen für das heutige Theater

Inszenierungen für die Bühne stehen heute vor der Herausforderung, das Zeitlose am Courage-Stoff herausarbeiten zu müssen, wenn sie das Publikum weiter für das Stück interessieren wollen. Didaktisches Erklärtheater hat zu Recht keinen guten Ruf mehr. Die Verortung im Dreißigjährigen Krieg, die Herausarbeitung der Entstehungsumstände oder das ideolo-

46 Die Details zu den Dreharbeiten sind nachzulesen in: Anonym, »Mutter Blamage«, in: *Der Spiegel*, 23. 11. 1955, www.spiegel.de/spiegel/print/d-31971541.html (Stand: 7. 1. 2021).

gische Fundament des Kommunismus gelten mittlerweile ebenso als dramaturgischer Ballast. Auch gibt es im heutigen Theaterpublikum nur wenige, die Kriegserfahrungen gemacht haben. Mit den Kriegen etwa in Jugoslawien in den Neunzigerjahren oder in Syrien seit 2011 und den durch sie ausgelösten Flüchtlingswellen sind Kriege zwar auch in Westeuropa als Teil der Lebenswirklichkeit vermittelt erfahrbar, und moderne Inszenierungen wissen durchaus entsprechende Assoziationen zu wecken, doch ein gewisses Bild, was Krieg eigentlich *bedeutet*, erwächst daraus noch lange nicht.

Aktualität des Stoffes

Anders verhält es sich mit dem Thema Krieg als Geschäft, das Brecht auch als die zentrale Lehre des Stückes verstanden wissen wollte. Deutsche Rüstungskonzerne haben 2019 Genehmigungen für Rüstungsexporte von fast acht Milliarden Euro erhalten – eine Steigerung um 65 Prozent gegenüber dem Vorjahr. Auch die holzschnittartige Unterscheidung von Ausbeutern und Ausgebeuteten des Kapitalismus, von Gewinnern und Verlierern der Weltwirtschaft ist heute wieder populär. Noch allgemeiner gesprochen, geht es in *Mutter Courage* um gesellschaftliche Machtverhältnisse, um ein Ausgeliefertsein des Individuums an die Masse und die Umstände, Problemstellungen, die niemals an Aktualität einbüßen werden. Nicht zuletzt sind es die beiden interessanten Frauengestalten der Kattrin und der Mutter Courage, beide Rollen Geschenke für ambitionierte Schauspielerinnen, die in den letzten Jahren die immer noch sehr häufigen Inszenierungen trugen. Und wieso nicht einmal den inneren Konflikt der Courage zwischen Mutter und Geschäftsfrau als Boxkampf inszenieren, wie es eine 10. Klasse eines Hamburger Gymnasiums im Jahr 2017 tat?[47] Solche Ideen machen die Auseinandersetzung mit dem Stoff lebendiger als die Entscheidung, den Marketenderwagen durch einen Mini-Cooper (Wien 1995), einen Cadillac (Paderborn 2017), eine Holzscheibe in der Bühnenmitte (Hamburg 2017) oder ein plüschiges Sofa (Hildesheim 2019; siehe Abb. 7, S. 100 dieses Lektüreschlüssels) zu ersetzen.

Das Mutter-Courage-Stereotyp

Zeitloser als das Theaterstück selbst scheint nur noch die Charakterisierung von Personen aus Geschichte, Politik, Kultur und Vermischtem als Mutter Courage zu sein. Die Bezeichnung ist eine unreflektierte Redensart, die sich längst von der literarischen Vorlage emanzipiert hat. Hier eine kleine Auswahl an Personen, die laut Internetrecherche allein in den letzten Jahren mit diesem Beinamen belegt worden sind: Ruth aus dem Alten Testament, die Schauspielerin Katharina Thalbach, die ostdeutsche Hindernisläuferin und Schauspielprofessorin Ines Geipel, die amerikanische Feministin Bella Abzug, die Präsidentin der Thüringer Landeskirche Christina Schultheiß, die Sexualaufklärerin Beate Uhse, die SOS-Kinder-

47 Ein Auszug aus dem Programmheft findet sich unter: https://www.gyle.de/faecher/theater-2/inszenierungen-am-gymnasium-lerchenfeld/mutter-courage-nur-der-tod-ist-umsonst/ (Stand: 7.1.2021).

dorf-Mitarbeiterin Helene Didl, die bayerische Anti-Atomkraft-Aktivistin Ingrid Wundrak, die brandenburgische Sozialministerin Regine Hildebrandt, Edith Brings, Ehrenvorsitzende der Leverkusener SPD, die Hamburger Sozialarbeiterin Xiomara Tortoza – und auch jene Inhaberin des Spätkaufs »Café Nokta«, die am 19. Oktober 2019 einen jugendlichen Räuber mit einem 130 Jahre alten Hirtenstock in die Flucht schlug. Ironischerweise ist in dieser Lesart aber genau jenes Missverständnis weitertransportiert, das Brecht nach der Züricher Uraufführung 1941 beanstandet hatte: Eine Mutter Courage in diesem Sinne ist natürlich keine kriegsgewinnlerische Geschäftsfrau, sondern ganz schlicht eine mutige Frau, die ein Vorbild ist und unsere Bewunderung verdient.

9. Wort- und Sacherläuterungen

7,3 **Dalarne:** Dalarna: historische Provinz in Mittelschweden.

7,4 **Marketenderin:** (die Truppen begleitende) Händlerin.

7,5 **Courage:** (frz.) Mut.

7,7 **Feldwebel:** Unteroffiziersgrad.

7,7 **Werber:** einer, der neue Soldaten für die Armee anwirbt.

7,9f. **Feldhauptmann:** oberster Befehlshaber eines Regiments, aber auch einer ganzen Armee; hier offenbar in der ersten Bedeutung.

7,11 **Fähnlein:** kleine Truppeneinheit.

7,27 **Ranken:** mundartl.: dickes Stück.

8,4 **Registraturen:** hier wie: Akten, Karteien.

8,5 **Ballen:** rundlicher Packen.

8,20 **Maultrommel:** einfaches Musikinstrument, das mit dem Mund / den Zähnen gespielt wird.

8,33 **Bagage:** (frz.) Reisegepäck.

9,2 **han:** haben.

9,20 **Regiment:** mittelgroße militärische Formation.

9,28 **Riga:** heute Hauptstadt Lettlands; seit 1581 bis zur Eroberung durch die Schweden 1621 weitgehend selbständige Stadt unter polnisch-litauischer Herrschaft.

9,28 **Brotlaib:** oval oder rund geformtes ganzes Brot.

10,2 **Meßbuch:** Buch, das Anweisungen und Gebetstexte für die Feier der katholischen Messe enthält.

10,3 **Altötting:** bayerischer Wallfahrtsort.

10,4 **Mähren:** historische Landschaft im heutigen Tschechien.

10,6 f. **Maul- und Klauenseuch:** Viruserkrankung bei Paarhufern (z. B. Rindern, Schweinen).

10,7 **ist ... umgestanden:** ist ... eingegangen.

10,8 **Gulden:** altes Münzgeld.

10,12 **Lizenz:** Genehmigung, Erlaubnis.

11,23 **Nierenschwund:** starke Verkleinerung der Niere im Endzustand verschiedener Nierenkrankheiten.

11,27 f. **»Ich heiß ihn Schweizerkas [...] Wagenziehen«:** Die Schweizer galten in der Frühen Neuzeit als besonders groß und kräftig, weswegen sie auch häufig als Landsknechte und Leibgarde engagiert wurden.

12,12 **Schnall:** Schnalle: metallener Teil eines Gürtels.

12,12 f. **abgewetzt:** abgenutzt, verschlissen.

12,16 **Haxen:** Beine.

12,34 **Haderlump:** Schimpfwort für einen nichtsnutzigen Menschen.

13,5 **Obristen:** Obrist: Regimentsbefehlshaber im frühneuzeitlichen Heer (Oberoffiziersgrad).

13,6 **Leutnant:** Unteroffiziersgrad.

13,16 **Stulpenstiefel:** hohe Stiefel mit breiten, ›umgestülpten‹ Umschlägen.

13,27 **Vettel:** Schimpfwort für eine alte, hässliche, unordentliche Frau.

13,32 **Butzen:** Kerngehäuse von Apfel und Birne.

14,17 **das Zweite Gesicht:** die Fähigkeit, die Zukunft vorauszusagen.

14,26 **Pergamentbogen:** Pergament: Beschreibstoff aus gekalkter Tierhaut.

15,11 **ins Bockshorn jagen:** verunsichern.

15,18 **Bankert:** Bastard, uneheliches Kind.

18,2 **Unzen:** Unze: altes Gewichtsmaß.

18,4 **Handgeld:** Anzahlung zum Vertragsabschluss.

20,4 **Festung Wallhof:** heute Valle in Lettland; damals zu Polen gehörig – Der schwedische König Gustav II. Adolf besiegte das polnische Heer dort in einer Schlacht am 7. Januar 1626.

20,5 **Kapauns:** Kapaun: kastrierter und gemästeter Hahn, der als besondere Delikatesse galt.

20,15 **Hellerchen:** Heller: altes Münzgeld (von geringerem Wert als der Gulden).

20,20 **daß die Schwarten krachen:** bis zur Erschöpfung, bis zum Überdruss.

22,6 **Armspang:** Armspange: Armreif, Armband.

22,9 **Pfaffen:** Pfaffe: Geistlicher, im Dreißigjährigen Krieg bereits in geringschätziger Bedeutung.

22,10 **Mores gelehrt:** Anstand beigebracht, energisch zurechtgewiesen (von lat. *mos*, pl. *mores* ›Sitte‹, ›Moral‹).

22,12 **auf einen Hupp:** in einem Zug.

22,21 **Bauernschinden:** Misshandlung von Bauern.

22,32 **Lamb:** Name des Kochs. Es handelt sich um einen sprechenden Namen, dem wiederum eine paradoxale Sinngebungsstruktur (siehe S. 60–63 dieses Lektüreschlüssels) zugrunde liegt: Ein Lamm (engl. *lamb*) wird mit unschuldigem Verhalten assoziiert, während der Koch durchtrieben und auf den eigenen Vorteil bedacht ist.

23,15 **Lieblingsfalerner:** Falerner: Rotwein des Altertums von der Appenin-Halbinsel, z. T. auch später noch für italienische Rotweine fälschlicherweise verwendet.

23,21 **geschlenkt:** schlenken: verprügeln, prellen.

23,33 **glustig … gemacht:** Gelüste hervorgerufen.

24,28 **Pharisäer:** Ursprünglich die Vorsteher des jüdischen Tempels in Jerusalem, wurde die Bezeichnung allmählich auf glaubenseifernde Menschen übertragen, deren Taten nicht mit ihren Worten übereinstimmten (Heuchler).

25,2 **Sturmhaub:** Sturmhaube (auch Burgonet, frz. *bourguignotte*): Helmform der Frühen Neuzeit.

25,2 **kalten Schalen:** Kaltschale: süße, kalte Suppe (hier aus Brot und Wein).

25,3 **vor sie:** bevor sie.

25,27 **Scheißgaß:** ugs.: Bedrängnis, Schlamassel (s. Anm. zu 66,30).

25,30 **Herkulesse:** nach dem griechischen Sagenheld Herkules hier für besonders starke Menschen.

25,30 **Schlamper:** schlampiger, nachlässiger Mensch.

26,13 **waten:** in Wasser oder Schlamm einsinkend langsam und mühselig gehen.

26,27 **Furt:** flache Stelle eines Flusses, die das Überqueren gestattet.

26,29 **Schindeldach:** Schindel: flache Dachziegel, früher auch häufig aus Holz.

27,24 **Zahlmeister:** Militärangehöriger mit Offiziersrang, der für das Zahlungs- und Rechnungswesen eines Truppenteils zuständig ist.

27,24 f. **beim Zweiten:** beim 2. Regiment.

29,11 f. **Zeugmeister:** Offizier, der für Aufbewahrung

und Instandhaltung von militärischem Gerät zuständig ist.

29,13 **Montur:** Dienstkleidung.

29,30 f. **vom Vierten:** vom 4. Regiment.

30,28 **Kniffe:** Tricks.

31,13 **Krähenfüß:** Krähenfüße: kleine Falten im Augenbereich.

31,25 **Flandern:** niederländischsprachige Region im heutigen Belgien, damals zur Spanischen Niederlande gehörig.

31,34 **Fraternisieren:** Verbrüderung; hier eher sarkastisch für tragisch endende Liebesverhältnisse.

32,7 **Geviert:** militärische Formation der Fußtruppen eines Heeres.

34,6 **ausscharren:** ausgraben (in diesem Fall eine Leiche).

34,13 **gebrandschatzt:** brandschatzen: erpressen, indem man mit Brandlegung droht.

36,4 **Gewinst:** Gewinn, Nutzen.

36,12 **die Großkopfigen:** die hohen Herren, ›die da oben‹.

38,2 **diese Babylonische:** diese Babylonische Hure (nach dem Neuen Testament, Offenbarung 17–18).

38,30 f. **Sein Licht muß man unter den Scheffel stellen:** Man muss sich bescheiden verkaufen.

39,16 **Boshe moi:** (poln.) Oh mein Gott.

40,8 **Antichrist:** Gegenspieler des Christentums, dessen Ankunft in der Offenbarung des Johannes für die Endzeit (Apokalypse) erwartet wird. Während er in der Offenbarung nur indirekt, in den Formen eines Drachen und verschiedener Tiergestalten, vorkommt, wird der Begriff des Antichristen in den Johannesbriefen erwähnt (Neues Testament, 1. Johannes 4,2–4, 2. Johannes 1,7).

40,8 **den Schweden:** gemeint ist der Schwedenkönig Gustav II. Adolf, der von der katholischen Propaganda als Antichrist charakterisiert wurde. Gustav II. Adolf war der Held der nationalprotestantischen Kriegsdeutung auch noch zu Zeiten Brechts.

40,11 **Weihkerzen:** Kerzen, die in der katholischen Kirche zum Zeichen der Bitte oder des Dankes vor dem Altar aufgestellt werden.

40,15 **Marketender:** Händler, die die Truppe im Krieg begleiten.

40,26 **im Livländischen:** in Livland, einer historischen Landschaft, die sich über das heutige Estland und einen Großteil Lettlands erstreckt.

40,31 **Revision:** Überprüfung, Durchsicht.

41,19 **Bettelmönch:** Angehöriger eines Bettelordens; der also einer auf jeden Wohlstand verzichtenden Lebensweise verpflichtet ist.

41,23 **Schatull:** Schatulle: kleine Truhe.

41,31 **Stoßgebet:** eilig hervorgestoßenes, kurzes Gebet.

41,33f. **Verrecker:** (bair.) Schuft, Verräter.

42,11 **Hoffart:** überheblicher Stolz, Arroganz.

44,3 **Heimtücker:** heimtückischer, d. h. hinterhältiger Mensch.

45,4 **Schankknecht:** Bedienung im Wirtshaus, hier am Ausschank der Mutter Courage.

46,8 **Passion:** Leidensweg Jesu, den der Feldprediger hier mit dem (vermutlich bevorstehenden) Leiden Schweizerkas' vergleicht.

46,9 **Horenlied:** (lat. *hora* ›Stunde‹) Stundenlied; nach den festgelegten Gebetszeiten im Kloster.

46,13 **Pilatus:** Pontius Pilatus: römischer Statthalter in Judäa, der Jesus zum Tod am Kreuz verurteilte.

46,17 **Herodes:** Herodes Antipas: Herrscher in Galiläa zur Zeit der Kreuzigung Christi. Im Lied angesprochen ist eine Episode aus dem Lukasevangelium (Neues Testament, Lukas 23,6–11): Pilatus überstellte den angeklagten Jesus an Herodes, weil dieser juristisch zuständig schien. Herodes spottete über Jesus und schickte den »König der Juden« in einem kostbaren Gewand an Pilatus zurück.

47,7 f. **Bald ward Gall in seinen Mund / Mit Essig gelassen:** Die Körperflüssigkeit Galle dient der Verdauung, doch hier steht sie für den Essig, der Jesus am Kreuz verabreicht worden sein soll. Brecht scheint hier – im Gesamtzusammenhang des Liedes – eine unbarmherzige Geste im Sinn gehabt zu haben, doch wurde der Essig wohl eher als Durstlöscher verabreicht.

47,12 **zerklübet:** zerklüben: zerspalten.

47,13 **Vesperzeit:** Zeit des Abendgebets.

47,14 **Schechr:** (hebr.) Schächer: die beiden Verbrecher, die gleichzeitig mit Jesus hingerichtet wurden.

48,12 **reflektieren:** hier: darüber nachdenken.

48,13 **Verpfänden:** einen Gegenstand als Sicherheitsleistung für einen Kredit übergeben; hier: Yvette bezahlt, da die Courage im Moment nicht genügend Geld hat, aushilfsweise das Bestechungsgeld, um Schweizerkas freizukaufen, und hätte damit eine Geldforderung an die Courage. Als Sicherheitsleistung überlässt die

Courage der Yvette den Marketenderwagen, der nach Ablauf einer Frist von zwei Wochen Yvette gehören würde, wenn Mutter Courage ihr die Summe bis dahin nicht zurückzahlen könnte.

49,10 **Chéri:** (frz.) Liebling.

50,6 f. **Hyänenvieh:** Hyäne: Raubtier verschiedener, meist trockener Lebensräume Asiens und Afrikas. Der schlechte Ruf der Hyäne rührt von ihrer unansehnlichen Gestalt und der Beobachtung her, dass sie anderen Raubtieren die Beute abjagt und sich vor allem von Tierkadavern ernährt. Hier steht die Hyäne als Sinnbild dafür, dass Yvette das Elend anderer für sich ausschlachtet. Später (82,2) wird diese Bezeichnung auch auf die Courage angewendet.

50,25 **Siebengescheiter:** wie: Neunmalkluger.

50,32 **Bimsstein:** Lavagestein, das als Schleifmittel verwendet wird.

50,33 **Jesus am Ölberg:** Ölgötze, also ein teilnahms- und bewegungsloser Mensch. Courage ist hier nicht bibelfest, denn der Ölgötze wurde von den am Ölberg eingeschlafenen Jüngern (Neues Testament, Matthäus 26,40–43), nicht von Jesus selbst abgeleitet.

52,19 **Hucke:** Last, die auf dem Rücken getragen wird (»huckepack«).

54,3 f. **Schindanger:** gemeinschaftlicher Platz außerhalb des Ortes, an dem Tierkadaver verscharrt wurden.

55,18 **Buß:** Bußgeld.

55,21 **Rittmeister:** mittlerer Offiziersgrad.

55,23 **Bouque la Madonne!:** (frz., vulgär) etwa wie: Fick die Madonna!

55,25 **Trinkgeld:** früher allgemeiner als heute für jede Belohnung für eine Dienstverrichtung verwendet.

55,28 **kommst in Stock:** Stock: altes Strafinstrument, in das der Verurteilte mit Händen, Füßen und am Hals eingeschlossen wurde.

55,29 f. **Ich hau dich zu Koteletten!:** Koteletts, also Rippenstücke meist vom Schwein, werden mürbe, wenn man sie vor dem Braten weichklopft.

56,7 f. **es geht auf ein Aufwaschen:** es geht in einem Aufwasch: es geht mit einem Mal, es geht blitzschnell.

56,30 **verhurt:** verhuren: für käuflichen Sex ausgeben.

57,22 **billig:** angemessen, gerecht.

57,31 **Rappel:** Wutanfall.

58,10 **sich … genieren:** sich schämen.

58,16 **im Lenze:** im Frühling.

58,18 **Häuslertochter:** Tochter eines Kleinstbauern (der zwar über ein Haus, aber nur wenig Grund verfügte).

58,25 **Star:** Vogelart.

61,25 **Leinen:** Textilgewebe aus Flachsfasern.

62,23 **Krampen:** (bair.) unartiges Kind.

63,2 **Aasens:** aasen: verschwenderisch mit etwas umgehen.

63,20 **Pschagreff:** polnischer Fluch; etwa wie: verdammte Scheiße.

64,4 **Tilly:** Johann Tserclaes von Tilly war oberster Heerführer der katholischen Liga und der kaiserlichen Truppen im Dreißigjährigen Krieg. Für die katholisch-bayerische Kriegsdeutung hatte er noch bis ins 20. Jahrhundert hinein eine überaus große Bedeutung.

64,14 **Inventur:** Bestandsaufnahme eines Unternehmens, in der Art, Menge und Wert von Vermögensgegenständen erfasst werden.

64,18 **Feldhauptmann:** hier: Befehlshaber der ganzen Armee.

64,25 **nur noch vier Windlichter zurück:** nur noch vier Windlichter (Kerzengläser) übrig.

65,12 **Leibriemen:** Gürtel.

65,17 **Chargen:** höhere Dienstgrade (die mehr Geld am Ausschank lassen).

65,23 **defilierens:** defilieren sie: schreiten sie feierlich vorbei.

66,14 **nicht nur aus Hetz:** (bair.) nicht nur einfach so aus Spaß.

66,30 **Schlamassel:** Durcheinander, Verwirrung.

67,18 **Trumpf aus:** etwa wie: Spiel deine Trümpfe aus / Such deinen Vorteil.

67,20 **werben:** anwerben (für die Armee).

68,6 **Nicker:** Nickerchen, Schläfchen.

68,18 **Sprößlinge:** Kinder.

69,1 **im Goldenen Löwen:** im Wirtshaus dieses Namens.

69,6 **Aussteuer:** Ausstattung, die eine Braut mit in die Ehe bringt.

70,6 **Oxenstjerna-Regiment:** nach dem schwedischen Reichskanzler unter Gustav Adolf benanntes Regiment.

70,27 **Donschuan:** Don Juan: Verführer schöner Damen; literarische Figur, die sich urspünglich in südeuropäischen Literaturen findet.

71,1 f. **Hackpflock:** Holzstumpf, auf dem Holz gehackt wird.

74,9 **geschoppt:** schoppen: hineinstopfen/-schütten.

77,3 **Lützen:** Ortschaft bei Leipzig, bekannt durch die gleichnamige Schlacht am 16. November 1632, in der Gustav II. Adolf fiel; bis heute Zentrum des Gustav-Adolf-Gedenkens.

77,21 **Kreuzel:** Schmuckstück in Kreuzform.

78,11 **Marandjosef!:** Maria und Josef!

78,17 **Sattlerei:** Handwerksbetrieb, der Sattel und andere Gegenstände aus Leder zur Verwendung an Tieren herstellt.

80,4 **Schmalger:** (mundartl.) Angeber, Blender.

80,12 **unsolid:** unsolide: unseriös, unstet.

80,13 **solid:** seriös, vertrauenswürdig.

82,10 **Sacktuch:** Taschentuch.

82,29 **ins Aschgraue sinken:** ins Bodenlose stürzen, stark sinken.

85,3 **flandrischen:** Adjektiv zu Flandern (s. Anm. zu 31,25).

86,22 **Piketten:** kürzere Spieße.

87,8 **Profos:** Leiter des Militärgerichts.

89,18 **Das Zwölfte:** das 12. Regiment.

89,25 **Metz:** Stadt in Lothringen (Lorraine/Frankreich), damals zum Heiligen Römischen Reich gehörig.

90,30 **Cholera:** schwere Infektionskrankheit der Verdauungsorgane.

91,9 **Klafter:** historisches Längen-, Raum- und Flächenmaß; ein Klafter misst etwa zwei Meter.

93,14 **Gesinde:** Dienstpersonal.

93,15 **Salomon:** legendärer König Israels, von dem das Alte Testament erzählt.

93,15 **Julius Cäsar:** römischer Diktator zwischen Republik und Kaiserzeit.

94,22 **Sokrates:** griechischer Philosoph (469–399 v. Chr.).

94,26 **Schierlingstrank:** Getränk aus dem giftigen Gefleckten Schierling, das in einem Becher (»Schierlingsbecher«) gereicht wurde; Hinrichtungsart in der Antike.

95,6 **Martin:** Martin von Tours (316/317–397), dritter Bischof der französischen Stadt Tours und volkstümlicher katholischer Heiliger (Gedenktag: 11. November).

96,3 **Brennsupp:** einfache Suppe aus Mehl und Wasser.

98,10 **eine Ros ergetzet:** eine Rose erfreut.

99,9 f. **Fähnrich:** Kommandeur eines Fähnleins (s. Anm. zu 7,11); Unteroffizier.

99,12 **dem haut den Spieß hinauf:** den erschlagt ruhig.

104,24 **Kugelbüchs:** Kugelbüchse: Gewehr des 17. Jahrhunderts.

105,21 **Gabel:** Vorrichtung zum Auflegen des Büchsenlaufs, um einen gezielteren Schuss abgeben zu können.

106,12 **Bälg:** Bälger: kleine Kinder.

106,12 **greinen:** weinen.

107,2 **Schnitt machen:** ein gutes Geschäft abschließen.

107,7 **Marodöre:** Marodeure (frz. *marauder* ›stehlen‹): plündernde Soldaten.

107,9 **Blache:** großes Leinentuch.

107,32 **mit … seiner Gefahre:** mit seiner Gefahr.

10. Prüfungsaufgaben mit Lösungshinweisen

Mittelstufenarbeit (Kl. 9/10)

Aufgabe 1: Allgemeiner Teil (16 P.)

Arbeitsauftrag 1 a): Überprüfe die Aussagen zum Stück: Ist die Aussage richtig oder falsch (AFB I, 5 P.)?

1. Im Laufe des Stückes werden von den Figuren immer wieder Lieder gesungen.
2. Mutter Courage ist eine Marketenderin und handelt mit verschiedensten Waren.
3. Die Yvette ist eine erfolglose Schuhverkäuferin im Gefolge des schwedischen Heeres.
4. Im ersten Bild des Stückes wird der älteste Sohn der Courage für die Armee angeworben.
5. Die Handlung des Stückes umfasst eine Zeitspanne von lediglich drei Jahren.
6. Der Koch und der Feldprediger sind anfangs verfeindet, am Ende aber beste Freunde.
7. Die Courage bricht mit dem Feldprediger, nachdem dieser sie als »Hyäne« bezeichnet hat.
8. Die ›Trommelszene‹ gegen Ende des Stückes spielt vor den Toren der Stadt Halle.
9. Am Ende des Stückes sind alle Kinder der Courage bis auf eines tot.
10. Die Courage lernt im Laufe des Stückes, dass der Krieg für alle ein Übel ist.

Lösungshinweise

1. richtig, 2. richtig, 3. falsch, 4. richtig, 5. falsch, 6. falsch, 7. richtig, 8. richtig, 9. falsch, 10. falsch.

Arbeitsauftrag 1 b): Nenne die zentralen persönlichen Eigenschaften und Merkmale der Kinder der Courage (AFB I, 3 P.).

Lösungshinweise

Eilif: stark, klug
Schweizerkas: einfältig, ehrlich
Kattrin: stumm, tier- und kinderlieb, verzweifelt, gut

Arbeitsauftrag 1 c): Erläutere die Beziehung zwischen den Figuren Kattrin und Yvette (AFB II, 4 P.).

Lösungshinweise

Gegensätze: Yvette als Lagerhure und Kattrin als stummes »Tier«; Kattrin ahmt Yvette (Schuhe, Hut, Gang) nach, weil sie etwas von ihrer Attraktivität haben will

Arbeitsauftrag 1 d): Erläutere den Charakter des Dreißigjährigen Krieges, wie er in dem Stück hervortritt (AFB II, 4 P.).

Lösungshinweise

lange Dauer; sinnloses Morden; Hunger; Entvölkerung; wird als Glaubenskrieg verkauft, aber eigentlich geht es um Geschäft und Macht; häufiger Wechsel zwischen den Fronten; korrupte Vorgesetzte

Aufgabe 2: Szenenanalyse / Analyse eines Dialogs (24 P.)

Referenztext: Beginn der 6. Szene: S. 64, Z. 1 bis S. 65, Z. 22

Arbeitsauftrag 2 a): Nenne die Figuren, die in der Textpassage auftreten, und gib knapp ihre Rolle im Stück an (AFB I, 4 P.).

Lösungshinweise

Mutter Courage: eine Händlerin, die am Krieg verdient; Feldprediger: bemüht sich um die Courage, wird vorübergehend Teil ihres Haushalts; Kattrin: stumme, leidende Tochter der Courage; Schreiber: tritt nur in dieser Szene auf; Rufe aus dem Hintergrund

Arbeitsauftrag 2 b): Fasse die Handlung der Textpassage knapp zusammen, wobei du auch zur Anlage der Szene Bezug nimmst (AFB I, 4 P.).

Lösungshinweise

Die Courage und ihre Tochter machen Inventur, während Feldprediger und Schreiber spielen; im Hintergrund läuft das Begräbnis für Tilly ab; dieses wird Anlass, um über dessen Tod zu sprechen; weitere Gäste wollen in das Marketenderzelt hinein, was die Courage verwehrt

Arbeitsauftrag 2 c): Analysiere die Textpassage daraufhin, welche Kritik an Krieg und Macht darin – auch zwischen den Zeilen – enthalten ist (mit Nachweisen) (AFB II–III, 6 P.).

Lösungshinweise

Gegensatz zwischen der alltäglichen Verrichtung der Inventur und dem weltgeschichtlichen Vorgang im Hintergrund; Soldaten denken nicht an ihre Verpflichtung, sondern nur an ihr leibliches Wohl, scheinen also nicht aus Loyalität am Krieg beteiligt zu sein; vorgeschobener Religionskrieg (Kirchtürme/Glocken werden trotzdem weggeschossen; Vorwand, den Sold zu prellen); nur die Mächtigen erhalten Einlass in das Zelt; Herablassung der Courage gegenüber Tilly, der nicht als herausragender, den Überblick behaltender Krieger dargestellt wird, sondern als feiger Irrender, der dem unübersichtlichen Krieg zum Opfer fällt, gerade als er sich ihm entziehen will

Arbeitsauftrag 2 d): Analysiere Charakter und Kommunikation der Courage in der vorliegenden Passage (mit Nachweisen) (AFB II-III, 4 P.).

Lösungshinweise

Geschäftstüchtigkeit; ihr Geschäft lässt ihr kaum Zeit für anderes; lässt Tochter für sich arbeiten; Strenge im Urteil über Soldaten, ohne ihnen den Ausschank zu verweigern; verteilt ihre Sympathien; redet geradeheraus; geht nach der Finanzkraft ihrer Kunden; zwiespältige, einerseits ironisch gebrochene Einstellung zum Krieg, andererseits unkritisches Hinnehmen der Umstände, kein Veränderungswille

Arbeitsauftrag 2 e): Nimm ausgehend von der Textpassage und vor dem Hintergrund des gesamten Stückes Stellung zu folgender These: »Die Courage ist in dem Stück reduziert auf ihre Rolle als Geschäftsfrau.« (AFB III, 6 P.).

Lösungshinweise

Die These müsste abgewogen beurteilt werden: Sie handelt immer dann, wenn es für die Kinder gefährlich wird; ihre Gedanken kreisen um das Geschäft; sie begibt sich wissentlich in den Krieg; dagegen stehen: Sorge, Trauer, Treue zu Kattrin in Bild 9 – Im Zentrum der Bewertung stehen hier die Begründung der Aussagen und die Belege aus verschiedenen Teilen des Dramas

Oberstufenarbeit

Erörterung/Charakterisierung

Arbeitsauftrag a): Ordnen Sie den unten stehenden Text Brechts in den Kontext des »Modellbuchs« ein und geben Sie seinen zentralen Gedanken prägnant in einem Satz wieder (AFB I, 25%).

Arbeitsauftrag b): Erörtern Sie den Text mithilfe geeigneter Dramenauszüge vor dem Hintergrund des Handelns Kattrins im Stück und der Bedeutung der Figur für seine Gesamtanlage (AFB II und III, 75%).

Textgrundlage:

»In der Schlachtfeldszene bedroht die stumme Kattrin ihre Mutter mit dem Erschlagen, weil sie den verwundeten Bauern ihr Leinen verweigert. Es ist notwendig, die stumme Kattrin von Anfang an als intelligent zu zeigen. (Ihr Gebrechen verführt Schauspieler dazu, sie als dumpf zu zeigen.) Sie ist am Anfang frisch und heiter, von ausgeglichener Gemütslage – die Hurwicz[1] gab ihr sogar in dem Gespräch mit dem Bruder der dritten Szene eine Art von unbeholfenem Charme. Die sprachliche Unbeholfenheit teilt sich wohl ihrem Körper mit, jedoch ist es der Krieg, der sie bricht, nicht ihr Gebrechen; technisch gesprochen: der Krieg muß etwas zum Brechen vorfinden.

Es wird alles versäumt, wenn ihre Kinderliebe als etwas dumpf Tierisches denunziert wird. Die Rettung der Stadt Halle ist ein intelligenter Akt. Wie sonst könnte herauskommen, was herauskommen muß, nämlich, daß hier der Hilfloseste bereit ist zu helfen.«

Bertolt Brecht, »Modellbuch *Mutter Courage und ihre Kinder*. Anmerkungen zur Aufführung 1949«, in: B.B., *Schriften zum Theater*, Bd. 6: *1947–1956*, Frankfurt a. M. 1964, S. 47–153, hier S. 97 –

Wort- und Sacherklärungen:

[1] **Hurwicz:** Angelica Hurwicz (1922–1999), Darstellerin der Kattrin in der Inszenierung des Deutschen Theaters 1949.

Lösungshinweise

zu 1 a):

- Das Modellbuch entstand vor dem Hintergrund der Erfahrung von Inszenierungen, welche die Aussageabsicht Brechts verfälschten. Es sollte auf der Basis der eigenen Regiearbeit am Deutschen Theater Maßstäbe für alle kommenden Inszenierungen setzen. Dabei wurden Details bis hin zu bestimmten Spielweisen (wie hier der Kattrin) vorgeschlagen bzw. verbindlich gemacht.

- Kattrin sollte auf der Bühne als intelligente, ausgeglichene Figur gezeigt werden, die vom Krieg gebrochen wird.

zu 1 b):

- Die Argumente Brechts sollten anhand der Textgestalt explizit und implizit genannter Auftritte Kattrins überprüft werden: »frisch und heiter«: z. B. Bild 3, S. 36, Z. 22 f.; »Charme«: Bild 3, S. 42, Z. 20 – S. 43, Z. 30; »Schlachtfeldszene« S. 62, Z. 20 – S. 63, Z. 15; »Rettung der Stadt Halle« / »der Hilfloseste bereit ist zu helfen« S. 102, Z. 3 – S. 105, Z. 31.
- Das Motiv des »dumpf Tierische[n]«, das Brecht erwähnt, sollte in verschiedener Ausprägung anhand verschiedener Textbelege nachvollzogen werden können: Als Fremdzuschreibung durch Mutter, Koch und Feldprediger, in ihrem eigenen Handeln anderen Kreaturen gegenüber (Igel / Säugling / Kinder der Stadt Halle). Dabei kann die Vehemenz von Brechts Vorgabe »Es wird alles versäumt [...] denunziert wird« diskutiert werden.
- Kattrins Ablehnung des Krieges tritt an vielen Stellen des Stückes hervor und kann im Zuge der Entfaltung einer eigenen Argumentation sowohl als instinktive Feindseligkeit als auch als tiefere Einsicht ausgelegt werden. Ähnliches gilt für ihre Aufrechterhaltung der Familienbande, ihren Wunsch nach einer eigenen Familie und für ihre Hilfsbereitschaft.

- Hinsichtlich der Bedeutung der Figur für die Gesamtanlage des Stückes müsste die Besonderheit gegenüber den anderen Figuren hervortreten: Sie ist keine »Charaktermaske«, sondern voller humanistischer Ambitionen, nach denen sie auch handelt (Bild 11: Nur sie analysiert die Lage richtig). Sie sucht nicht den Krieg für ihre Zwecke zu nutzen, sondern verkörpert den Gegensatz zum Krieg. Insofern ist sie im Stück die zentrale Gegenfigur zu ihrer Mutter.
- All diese Ergebnisse unterstützen Brechts Auffassung, Kattrin sei intelligent.
- Auf einem anderen Blatt steht dann noch die Ansicht Brechts, dass man diese Interpretation verpflichtend machen müsse – So kann sich die Erörterung auch in Richtung eines Zweifels an der Sinnhaftigkeit/Vertretbarkeit der Modellbuch-Idee entwickeln.

11. Literaturhinweise/Medienempfehlungen

Textausgaben

Bertolt Brecht: Mutter Courage und ihre Kinder. Eine Chronik aus dem Dreißigjährigen Krieg. Frankfurt a. M.: Suhrkamp [73]2018. (edition suhrkamp 49.) – *Nach dieser Ausgabe wird im vorliegenden Lektüreschlüssel zitiert.*

Handbuchwissen

Einen handbuchartigen Überblick über die Interpretationsansätze zu Mutter Courage und ihre Kinder *bieten die Arbeiten von Jan Knopf:*

Knopf, Jan: Mutter Courage und ihre Kinder. In: J. K., Brecht-Handbuch [1, Theater. Eine Ästhetik der Widersprüche]. Stuttgart 1986. S. 181–195.

Kugli, Anna: Mutter Courage und ihre Kinder. In: Brecht-Handbuch in fünf Bänden, hrsg. von Jan Knopf, Bd. 1: Stücke, Stuttgart 2001. S. 383–401.

Es lohnt sich die Verwendung beider Einträge – Es handelt sich um ganz verschiedene, sehr übersichtlich aufbereitete Texte.

Entstehung und Rezeption

Zur Entstehungs- und Rezeptionsgeschichte sind außerdem heranzuziehen:

Brecht, Bertolt: Mutter Courage und ihre Kinder. In: B.

B.: Werke. Große kommentierte Berliner und Frankfurter Ausgabe. Bd. 6: Stücke 6. Berlin / Weimar / Frankfurt a. M. 1989. S. 377–409. – *Mit umfassendem Textkommentar.*

Müller, Klaus-Detlef (Hrsg.): Mutter Courage und ihre Kinder. (suhrkamp taschenbuch materialien.) Frankfurt am Main 1982.

Biografien und Überblicksdarstellungen zum Dichter

Biografien Bertolt Brechts gibt es wie Sand am Meer. Hier sollen nur vier sehr gegensätzliche Ansätze genannt werden.

Zwei Überblicksdarstellungen für Schule und Studium:

Jaretzky, Reinhold: Bertolt Brecht. (Rowohlts Monographien 50692.) Reinbek b. Hamburg 2006. – *Reich bebildert und mit Schwerpunkt auf die Schaffenszeit um 1940.*

Kittstein, Ulrich: Bertolt Brecht. Paderborn 2008. (UTB 3030.) – *Bei sehr knapp gehaltener Biografie sinnvolle Orientierung an seinem schriftstellerischen Werk.*

Zwei fachwissenschaftliche Lebensbeschreibungen:

Mittenzwei, Werner: Das Leben des Bertolt Brecht oder Der Umgang mit den Welträtseln. 2 Bde. Berlin 1997. – *Sehr umfangreiche erzählende Biografie. Die erste Auflage erschien bereits 1986 in der DDR.*

Parker, Stephen: Bertolt Brecht – Eine Biografie. Berlin 2018. – *Für die kommenden Jahre sicher die gültige Biografie in dennoch leichtem und lockerem Stil.*

Film

Der Theaterfilm *Mutter Courage und ihre Kinder* von Peter Palitzsch und Manfred Wekwerth aus dem Jahr 1961 erlebte 2020 eine Neuveröffentlichung auf DVD (Icestorm Entertainment / Edel).

12. Zentrale Begriffe und Definitionen

Bild: im epischen Theater etwa deckungsgleich mit der ➤ Szene: Das Statische einer Bühnensituation wird durch diesen Begriff unterstrichen.

➤ S. 12, 14

Dialektik: philosophische Methode, in welcher die Position, von der sie ausgeht, durch gegensätzliche Behauptungen in Frage gestellt wird. In der Synthese beider Positionen wird eine größere Erkenntnis erlangt.

➤ S. 40, 42, 62

Drama/Dramatik: neben Lyrik und Epik eine literarische Großform, die auf die szenische Realisierung im Theater hin angelegt ist.

➤ S. 7, 37

Episches Theater: Form des modernen Theaters, die von Brecht seit den 1920er Jahren als Gegenkonzept zur aristotelischen Wirkungsästhetik (Katharsis) entwickelt wurde. Statt sich mit den Figuren zu identifizieren, sollen sich die Zuschauerinnen und Zuschauer von ihnen distanzieren, um zur kritischen Betrachtung der gesellschaftlichen Verhältnisse angeregt zu werden.

➤ S. 7, 37 f.

Exilliteratur: Literatur von Schriftstellerinnen und Schriftstellern, die aus politischen oder religiösen Gründen gezwungen sind, ihre Heimat zu verlassen. Im engeren Sinne wird darunter gattungsgeschichtlich auch nur solche Literatur verstanden, die während der Zeit der nationalsozialistischen Diktatur (1933–1945) von Schriftstellerinnen und Schriftstellern auf der Flucht im Ausland verfasst wurde.

➤ S. 44, 94 f.

Fabel: Neben einer moralisch bildenden Geschichte mit Tieren als handelnden Figuren wird darunter im weiteren Sinne auch jedwede erfundene Geschichte verstanden.

➤ S. 38, 96

Figur: handelnder Charakter in einem literarischen (Bühnen-)Werk.

➤ S. 20

Formalismus/Formalismusstreit: Formalismus bezeichnet den Vorrang der Form vor dem Inhalt bei der Produktion und der Rezeption künstlerischer Werke. In der Sowjetunion und der DDR warfen seit 1948 kommunistische Parteifunktionäre einheimischen Komponisten, Malerinnen und Schriftstellern Hang zu ›westlicher Dekadenz‹ und Vernachlässigung sozialistischer Ideale vor. Auch Brechts episches Theater und speziell seine *Mutter Courage* fielen unter Formalismusverdacht.

➤ S. 98, 106

Humanismus: geistige Haltung, die sich auf die Mitmenschlichkeit und die Menschenrechte richtet.

➤ S. 11, 21, 82

Ikone/ikonisch: von griech. *eikon* ›Bild‹, Ikone: Kult- oder Heiligenbild orthodoxer Kirchen, ikonisch: bildkräftig, anschaulich, sinnbildlich nach Art von Ikonen.

➤ S. 9, 69

Kommunismus: politisch-philosophische Gesellschaftstheorie, die auf soziale Gleichheit, Gemeineigentum und eine klassenlose Gesellschaft abzielt. In der Ausformung des Marxismus, der den Kommunismus aus einer Geschichte von Klassenkämpfen durch eine Revolution der Arbeiterschaft hervorgehen sieht, wurde auch Brecht während der 1920er Jahre zum Anhänger des Kommunismus.

➤ S. 44, 54–56, 93 f.

Paradox/Paradoxon: scheinbar widersinnige, in sich widersprüchliche und der allgemeinen Erfahrung zuwiderlaufende Aussage, die jedoch eine andere, höhere Wahrheit widerspiegelt. In *Mutter Courage* ist der Verfremdungseffekt häufig in Form von Paradoxa umgesetzt.

➤ S. 60, 77

Schauspiel: Sprechtheater (im Unterschied zu Musik- und Tanztheater); in etwa synonym mit ➤ Drama.

➤ S. 41

Szene: kleinste dramatische Gliederungseinheit eines Dramas; auch Auftritt.

➤ S. 37 f., 104, 129

Titularium: inhaltliche Zusammenfassung vor jedem einzelnen Bild von *Mutter Courage*. Dass man im Vorhinein über das sich abspielende Geschehen in Kenntnis gesetzt wird, dient dem ➤ Verfremdungseffekt, indem die Spannung (und somit das Mitleiden mit den Figuren) gemindert wird.

➤ S. 39 f., 75, 81

Verfremdungseffekt (V-Effekt): Kunstmittel des epischen Theaters Brechts: Durch Lieder, ironische Kommentare, ➤ Titularien, typisierende Darstellung der Figuren, Ansprache der Zuschauerinnen und Zuschauer durch die Schauspielenden, sparsames Bühnenbild sollen das illusionäre Element des Theaters gebrochen, die Einfühlung in die Figuren verhindert und stattdessen die Zuschauerinnen und Zuschauer zu einer kritischen Haltung dem Bühnengeschehen gegenüber angeregt werden.

➤ S. 40 f., 62